ठुमरी एवं कथक

ठुमरी एवं कथक

विधि नागर

B.R. RHYTHMS
DELHI-110 052

Published by:

B.R. Rhythms
425, Nimri Colony, Ashok Vihar, Phase-IV
Delhi-110 052
E-Mail : brpc73@gmail.com

First Published 2020

ISBN 9788188827824

Printed at Anvi Composers, Delhi

Cataloging in Publication Data--DK
Courtesy: D.K. Agencies (P) Ltd. <docinfo@dkagencies.com>

Nāgara, Vidhi, author.
Ṭhumarī evaṃ Kathaka / Vidhi Nāgara.
pages cm
In Hindi.
Study on Thumris (form of Hindustani vocal music) in Kathak (classical dance form).
Includes bibliographical references.
ISBN 9788188827824

1. Kathak (Dance)--India--History. 2. Thumris. I. Title.

LCC GV1796.K38N34 2020 | DDC 792.80954 23

अनुक्रमणिका

प्रस्तावना

मनुष्य का जीवन जिज्ञासाओं से भरा हुआ है। मनुष्य की जिज्ञासा कभी शांत नहीं होती। यह जिज्ञासा हमारे ज्ञान का अभिवृद्धि करती है। जीवन में यदि जिज्ञासायें शांत होने लग जायें तो यह मानना चाहिये कि हमने ज्ञान के दरवाजे बंद कर लिये हैं जीवन में ज्ञान का द्वार सदैव खुला रहना चाहिये। ऐसा कृष्ण ने अर्जुन को गीता के उपदेश में कहा है। यह पुस्तक ''ठुमरी एवं कथक'' भी उसी श्रृंखला की एक कड़ी है।

अनंत ब्रह्माण्ड की न्यूनतम इकाई है 'संगीत'। 'गीत वाद्यं नृत्यं त्रयं संगीतमुच्यते' गायन, वादन तथ नृत्य तीनों के सम्मिश्रण से संगीत को उत्पत्ति होती है। 'ठुमरी' एक ऐसी विधा है जो गायन वादन तथा नृत्य तीनों से पूर्णत: जुड़ी हुई है।

ठुमरी का जन्म और विकास, श्रोताओं की रुचि को दर्शाता है। सर्व साधारण नागरिकों का संबंध संगीत से यदा-कदा ही रहता है, दरबारिक वातावरण में गायकों ने भावपक्ष को अछूता रखकर कलापक्ष को संवारा जिसका परिणाम यह हुआ कि शास्त्रीय संगीत एक विशेष वर्ग को छोड़कर अन्य वर्गों के लिये जटिल बन गया। नियमों के बंधन तोड़कर, स्वतंत्र रूप से गायक की कल्पनाशीलता से ठुमरी का विकास होता चला गया और स्वत: ही समाज में उसका स्थान बन गया।

ठुमरी का संबंध संगीत की तीनों विधाओं से है क्योंकि ठुमरी गायन पर ही नृत्य होता है और ठुमरी के साथ वादन शैली पर भी विशेष ध्यान दिया जाता है। 19वीं शताब्दी में अवध दरबार के प्रसिद्ध सितारवादक ने बोलबांट या लयबांट की ठुमरियों की धुनों को गतों के रूप में अपनाया क्योंकि सितार में बोल या वाणी की अभाव है। निष्कर्षत: यह पक्ष उजागर होता है कि ठुमरी उपशास्त्रीय विधा ने गायन के साथ (वादन तथा नृत्य) अपनी अनुगामी विधाओं में भी स्वत: स्थान ले लिया।

कथक नृत्य का ठुमरी के साथ सहसंबंध ही नहीं वरन् अन्तर्संबंध है। ठुमरी स्त्रियोचित गीतभेद है। गायिकायें ठुमरी को अभिनय के साथ गाती थीं उसका प्रमुख कारण था ठुमरी के शब्द, बोल धुन और भाव सशक्त थे। प्रस्तुत उदाहरण में देखिये-

बारे बलम फुलगेंदवा न मारो
लगत करेजवा में चोट
सैया निरमोहिया दरदिया न जाने
रखत पलकिया की ओट

श्रृंगारिक, नोक–झोंक की भाषा, फूल–गेंद से कलेजे में जो चोट लगती है, निर्मोही सैंया से मान–मनोव्वल चल रही है। ठुमरी के शब्द ही ऐसे होते हैं जो स्वाभाविक रूप से अभिनय की सीढ़ी चढ़कर आसमान छूने लगते हैं। कथक नृत्य में भाव पक्ष के अन्तर्गत ठुमरी पर अभिनय किया जाता है जो श्रृंगारिक तथा सात्विक दोनों भावों को समेटे होता है।

"कथक नृत्य का सशक्त भाव पक्ष–ठुमरी–एक अध्ययन" विषय लेने का कारण, मन की उत्सुकता थी कि ठुमरी उपशास्त्रीय गायन विधा होते हुए कथक नृत्य का अभिन्न अंग कैसे है? मैं मानव संसाधन विकास–मंत्रालय, नई दिल्ली की हृदय से आभारी हूँ जिन्होंने अध्ययनवृत्ति के रूप में आर्थिक सहायता करके मुझे यह अवसर प्रदान किया तथा पुस्तक के रूप में शोध कार्य को छपवाने की स्वीकृति दी। मेरी गुरू तथा मार्गदर्शक डॉ. पूर्णिमा पाण्डे जी, जिन्होंने मुझे इस कार्य को पूर्ण करने की प्रेरणा तथा सहयोग दिया। साथ ही मेरी इस शोध–यात्रा में जिन पुस्तकों, मित्रों, विद्वानों की प्रेरणा तथा परामर्श मेरा सम्बल बने हैं मैं उनके प्रति हृदय से आभारी हूँ।

मेरे माता–पिता जिनके आशीर्वाद, प्यार और सहयोग के बिना मैं कुछ भी नहीं कर सकती थी। लेखन शैली, चित्रों का चयन, प्रूफरीडिंग, कार्य योजना सम्पूर्ण शोध ग्रंथ की प्रत्येक पंक्ति में इनका स्नेह है मैं मात्र आभार या धन्यवाद देकर कभी उऋण नहीं हो सकती।

इस पुस्तक द्वारा यदि विद्यार्थियों, कला–प्रेमियों अथवा अन्य शोध कर्ताओं को किंचित लाभ भी पहुँचेगा तो मैं अपना परिश्रम सफल मानूँगी।

संपूर्ण शोध कार्य को विस्तृत रूप से तथा जिज्ञासु की तरह पूरा करने का प्रयत्न किया गया है, ज्ञान की कोई सीमा नहीं है इस उक्ति का पालन करते हुए यह कार्य पुस्तक रूप में आपके समक्ष है–

14 फरवरी, 2018
महाशिवरात्रि

विधि नागर

1

ठुमरी का परिचय तथा विकास

पारम्परिकता, नियमबद्धता तथा सिद्धान्तों से जब व्यक्ति स्वयं को बंधा या जकड़ा हुआ महसूस करता है तो उस क्रिया की प्रतिक्रिया यह होती है कि वह स्वच्छन्द मुक्त आकाश में उड़ान भरना चाहता है जहां काई बन्धन न हो, नियम न हो। ठीक इसी सिद्धान्त पर ठुमरी का जन्म हुआ। ध्रुपद ख्याल की शुद्धता, नियम, पारम्पारिक गायन आदि से जब गायक स्वयं को जकड़ा हुआ महसूस करता था तब सौन्दर्य-बोधता की दृष्टि को ध्यान में रखते हुये श्रोताओं, गायकों रसिकों सभी को ठुमरी ने अपनी ओर लुभाया।

'ठुमरी' शब्द की व्युत्पत्ति

'ठुमरी' शब्द की व्युत्पत्ति तथा वह कैसे प्रचलन में आयी, इस विषय पर अनेक विद्वानों के मत है-

'ठुम और री इन दो शब्दों के योग से ठुमरी शब्द बना है। ठुम शब्द 'ठुमकत चाल' अर्थात् 'राधा जी की चाल' और 'री' शब्द 'रिझावत' अर्थात् 'भगवान कृष्ण के मन को रिझाने' की ओर इंगित करता है।

-श्री सुनील कुमार बोस

'ठुमरी' शब्द ठुम और री से मिलकर बना है। 'ठुम' ठुमकने को द्योतक है और 'री' अंतरंग सखी से अपने अन्तरमन की बात कहने का।

-स्व. कैलासचन्द्रदेव बृहस्पति

ठुमक 'लय' का और 'रिझाया' 'अर्थभाव' का द्योतक होने का कारण ठुमरी शब्द 'लयकारी और भावाभिव्यंजना' दोनों को व्यक्त करता है।

-स्व. गिरिजाशंकर चक्रवर्ती *(प्रसिद्ध ठुमरी गायक)*

ठुम और री शब्दों के योग से निर्मित ठुमरी में ठुम या ठुमक शब्द 'नृत्य के पद संचालन' और 'ठसक भरी गर्वीली चाल' को व्यक्त करता है।

इसी के निकटतम शब्द 'ठुमका' का अर्थ है 'छोटे आकार का' विभक्ति के रूप में 'री' प्रायः 'की' के अर्थ में व्यवहृत होती है जो कि अधिकार और संबंध का द्योतक है, जैसे 'किसन रुकमणी री बेलि, हमरी, तुमरी' इत्यादि। अतः पूरी तरह व्युत्पत्तिगम्य अर्थ के अनुसार ठुमरी शब्द एक ऐसे लघु आकार के गीत की ओर इशारा करता है जो नृत्य और उसके सुकुमार भावों से सम्बद्ध है।

–स्व. चन्द्रशेखर पंत

2. ठुमरी शब्द की भाषा व्युत्पत्ति ही बताती है कि ठुमरी एक प्रकार की लघुता से जुड़ी होती है। 'ठुमक' शब्द बच्चों के छोटे-छोटे लयात्मक पद संचालन को कहते हैं। ठुमरी से ऐसे पदविन्यास का बोध होता है जिसमें स्वाभिमान, आत्म सम्मोहन और रूप रचना की सूक्ष्म भावात्मक अभिव्यक्ति सन्निहित होती है।

–डॉ. सुशीला मिश्रा

3. ठम शब्द संस्कृत के स्तभ् या स्तम्भ् धातु से बने स्तम्भ शब्द का अपभ्रंश माना जाता है। प्राकृत भाषाओं के विद्वान डॉ. आर. विशल का कथन है कि प्राकृत और अपभ्रंशों की परम्परा में संस्कृत के दंत्य 'स्त' का परिवर्तन ठ और थ दोनों रूपों में होने के कारण स्तम्भ शब्द के ठम्भ और थम्म दो रूप बनते हैं, जिनका अर्थ –अभिमान, अहंकार, गर्व, रुकना, स्तब्ध होना, अटकाना या क्रिया निरोध करना होता है। इसी प्रकार जॉन टीत्र प्लाट्स तथा आर. एल. टर्नर इत्यादि विद्वानों ने ठुम शब्द का विकास संस्कृत के स्तुभ या सतुम्भ् धातु से बने सतुम्भ शब्द से माना जाता है।

4. The first letter "Thu" (ठु) signifies the world "Thumuk" (ठुमुक) or the 'chaal'. the stately, slow, easy and graceful gait of the patterns and designs made by the unseen but imagenative lines of the musical notes, as also the adagio proud strutting, dignified pace and the leisurely movements of the dancer, who dances in accompaniment of such music.
The second alphabet ',a' (म) stands for 'mana' (मन) meaning both mind as well as heart; and the last letter "Ri" (रि) is the starting one of the world 'Rijhana' (रिझाना) the capacity to enchant.

अतः सभी विद्वानों द्वारा 'ठुम' शब्द की व्याख्या का भाव लगभग एक ही है जो ठमक, ठमकि, ठुमकि, ठुमुकु, ठुमुकि तथा ठुमुक आदि शब्द रूपों में भी दृष्टव्य होता है। शब्द का

अर्थ भाव, गर्व, चपल, अहंकार युक्त चाल से ही है। 'री' शब्द की व्याख्या का भाव सभी विद्वानों द्वारा 'रिझाना' से लिया गया है। लोक भाषाओं में री, अरी, ऐ, हे री आदि सभी शब्द अंतरंग सखी के लिये प्रयोग में लाये जाते हैं।

5. प्रो. शत्रुघ्न शुक्ल के विचार से निष्कर्षतः वह 'ठुमरी' को बृजभाषा का संज्ञा स्त्रीलिंग शब्द है। व्युत्पत्ति की दृष्टि से संस्कृत के 'स्तुम्भ्' धातु से विकसित 'ठुम' के साथ मत्वर्थीय 'र' प्रत्यय के स्त्रीलिंग रूप 'री' (र+ई) के संयोग से बना 'ठुमरी' 'साध्यमान तद्‌भव' श्रेणी का शब्द है जिसका अर्थ 'नृत्य के साथ गायी जाने वाली गेय रचना' होता है। अतः मूलतः ठुमरी का 'नृत्यगीत' होने का आभास मिलता है।

डॉ. सुशीला मिश्रा के विचार से 'ठुमरी' संगीत की कठोर नियमबद्धता से मुक्ति दिलाती है, इसे 'भावों का आइना' भी कहा गया है। यह उपशास्त्रीय विद्या है। ठुमरी शब्द की भाषा व्युत्पत्ति ही बताती है कि ठुमरी एक प्रकार की लघुता से जुड़ी होती है। ठुमरी से ऐसे पदन्यास का बोध होता है जिसमें स्वाभिमान, आत्म-सम्मोहन और रूप-रचना की सूक्ष्म भावात्मक अभिव्यक्ति सन्निहित होती है।

डॉ. पुरु दाधीचि के अनुसार "ठुमरी" एक विशेष प्रकार की गीत शैली है जो अपनी प्रकृति से चपल भी है और भाव-प्रवण तथा सरस भी इसीलिये इसे नृत्य का आधार बनाया गया है। ठुमरी, कैशिकी वृत्ति या रूमानी शैली की गायकी है। ठुमरी की भाषा ब्रजभाषा है किन्तु कहीं-कहीं उस पर अवधी का भी स्पष्ट प्रभाव है। इसे ललित, मर्मस्पर्शी, लोकप्रिय रागों यथा भैरवी, पीलू खमाज, काफी, तिलंग आदि में गाया जाता है। ठुमरी शब्द की उत्पत्ति ठुमकने से हुई है अर्थात् यह गायन शैली बनी ही नृत्य के लिये है।

'ठुमरी' का जन्म तथा प्रचलन

6. 'ठुमरी' शब्द वस्तुतः प्रचलन में कब आया इसका सही समय बताना विवादास्पद है परन्तु ठाकुर जयदेव सिंह ने ठुमरी का प्रचलन लगभग दो सौ वर्षों से मानते हुये उसे नृत्य और अभिनय से संबंधित माना है। हालांकि ठुमरी शब्द का अस्तित्व ईसा की चौंदवीं, पन्द्रहवीं शताब्दी से नृत्य संबंधी सूफी और वैष्णव गेय काव्यों मे मिलने लगता है।

'ठुमरी' का उल्लेख फकीरुल्लाह कृत सत्रहवीं शताब्दी के रागदर्पण ग्रंथ के पूर्व कहीं नहीं मिलता है। उसी समय में मिर्जा खान कृत तोहफतुलहिन्द और अठारहवीं शताब्दी में जयपुर के राजा सवाई प्रताप सिंह कृत श्री राधा गोविन्द संगीतार ग्रंथ में भी ठुमरी का उल्लेख एक राग के रूप में मिलता है।

7. कुछ विद्वानों के मत से ठुमरी का श्रेय लखनऊ के उस्ताद गुलाम नबी को जाता है। करम इमाम ने लिखा है कि उन्होंने ठुमरी सबसे पहली बार सितारवादक उस्ताद रजा खां से सुनी।

8. नवाब वाजिद अली शाह के दरबार के प्रसिद्ध संगीतज्ञ उस्ताद सादिक अली खां ठुमरी के जनक माने जाते हैं। विलर्ड साहब ने अपने ग्रंथ में ठुमरी का उल्लेख करते हुए लिखा है कि शंकरा, भैरवी तथा मारू राग के सम्मिश्रण से इसकी उत्पत्ति हुई है। 'संगीतसागर' में ठुमरी का आविष्कार शोरी मियां को बताया गया है। परन्तु भातखण्डे जी (चतुर पण्डित) शोरी मियां को टप्पा के आविष्कारक मानते थे और टप्पा और ठुमरी दो भिन्न उपशास्त्रीय शैलियां थी।

9. ठुमरी का प्रादुर्भाव 19वीं शताब्दी में अवध के शासक नवाब वाजिद अली शाह के समय हुआ किन्तु ऐसा मानना उचित नहीं है, क्योंकि रागदर्पण, तोहफतुलहिन्द, श्री राधा गोविन्द संगीतकार तथा ए ट्रिटीज आन दि म्यूजिक ऑफ हिन्दुस्तान प्रभूति ग्रंथों में इसके पूर्व ही 17वीं, तथा 19वीं शताब्दी के प्रारंभिक भाग में ठुमरी गायन का उल्लेख मिलता है। इनके अतिरिक्त कतिपय अन्य सूत्रों में भी 18वीं सदी के अन्तिम भाग और 19वीं सदी के प्रारम्भ में वेश्याओं द्वारा नृत्याभिनय सहित ठुमरी गाये जाने की पुष्टि होती है।

निष्कर्षतः ठुमरी शब्द प्रायः चार सौ वर्ष पूर्व ही प्रचलन में आया यह नृत्य-गीतों के लिये गया जाता था। कालांतर में नृत्य से पृथक होकर गीत विद्या के रूप में ठुमरी का स्वतंत्र रीति से विकास हुआ। सही अर्थों में ठुमरी ने संगीत के रागों के कठिन नियमों को बंधन मुक्त करके मानवीय संवेदनाओं को सही अर्थ में छूने का प्रयास किया है। राग-रागनियों से परे साथ-साथ अभिनय, नायक-नायिकायें, रस, छन्द, काव्य के सागर में वह स्वयं ही हिलोरे लगाने लगता है। वास्तविकता में मानव ह्रदय के सुन्दर भाव अब ठुमरी के शब्द बनकर प्रस्तुत होते हैं तो श्रोता स्वयं ही कुशल चित्रकार की भांति नायिका के भावों के अनुसार रंग भरने लगता है। ठुमरी एक सजीव कला है।

ठुमरी का विकास

ठुमरी का जन्म स्थान लखनऊ माना जाता है। लखनऊ के कला विलासी नवाब वाजिद अली शाह, जो कि अनेक कलाओं को प्रोत्साहित करते थे, उन्हीं के दरबार के प्रसिद्ध संगीतज्ञ उस्ताद सादिक अली खां ठुमरी के जनक माने जाते थे। विलर्ड साहब ने अपने ग्रंथ में ठुमरी का उल्लेख करके कहा है कि शंकरा, भैरवी तथा मारू विहाग के सम्मिश्रण से इसकी उत्पत्ति हुई है।

'संगीतसागर' में शोरी मियां को ठुमरी का जनक माना है परन्तु मत यह है कि शोरी मियां टप्पा के आविष्कार और गवैये रहे हैं तथा यह दोनों विधायें अलग हैं। डॉ. सुशील कुमार चौबे के मतानुसार लखनऊ के उस्ताद सादिक अली खाँ ठुमरी के अन्वेषक समझे जाते हैं। एक शताब्दी पूर्व वे लखनऊ के श्रेष्ठ और अग्रगण्य संगीतज्ञों में से थे। ठुमरी का संबंध लखनऊ से है और वहां यह एक सुकुमार कला के रूप में विकसित हुई। इसके पूर्व संगीत के इतिहास में ठुमरी का अस्तित्व किसी अविकसित गीतभेद के रूप में था।

कैप्टेन एन. ऑगस्टस विलर्ड की पुस्तक 'ए ट्रीटिज ऑन दि म्यूजिक ऑफ हिन्दुस्तान' (1834) में ठुमरी को ब्रजभाषा की मिश्रित बोली का गीत बताया गया है। 1834 में प्रकाशित स्व. चन्द्रशेखर पंत के लेख में उन्होंने वाजिद अली या सादिक अली को ठुमरी का आविष्कारक माना है। डॉ. स्व. विशम्भर नाथ भट्ट के अनुसार अवध के नवाबों के दरबार में ठुमरी का उद्‌भव हुआ था, परन्तु उक्त दरबार में जो ठुमरी गायी जाती थी उसका स्वरूप इतना प्रौढ़ था कि उसके आधार पर यह कदापि नहीं कहा जा सकता कि उस समय ठुमरी की नवीन परिपाटी प्रचलित हुई होगी। जो आरंभ से ही इतना प्रौढ़ थी। तो उसी परिपाटी से ही चली आ रही होगी।

वास्तव में देखा जाये तो सभी समवेत स्वर में यह मान ही लेते हैं कि यही ठुमरी की उत्पत्ति का विकास काल रहा होगा। क्योंकि इसके पूर्व ठुमरी का जिक्र नहीं मिलता जैसा स्व. विशम्भरनाथ भट्ट जी ने अपने तर्क को सिद्ध किया कि 'अंतत: यही कहना पड़ता है कि यह परिपाटी जनता में बहुत पहले से चली आ रही है।'

कूचबिहार के निवासी श्री कृष्ण धन बनर्जी द्वारा 1885 में लिखित पुस्तक गीतसूत्रगार (बंगला भाषा) में वह कहते हैं कि "अवस्था देखने से ऐसा विश्वास होता है कि टप्पा को और भी संक्षिप्त करके गाने से ठुमरी गान का उद्‌भव हुआ है।"

कुछ विद्वानों के मत में ठुमरी का श्रेय लखनऊ के उस्ताद गुलाम नबी को जाता है। करम इमाम ने लिखा है कि उन्होंने ठुमरी सबसे पहली बार सितारवाद उस्ताद रजा खां से सुनी।

सन् 1775 से सन् 1797 तक नवाब आसफुद्दौला के समय में लखनऊ में ठुमरी का प्रचलन रहा। उसी समय जयपुर के महाराजा सवाई प्रताप सिंह के राज्यकाल और उनके संरक्षण में 'श्री राधागोविन्द संगीतसागर' नामक संगीत के एक बृहद ग्रंथ की रचना हुई जिसमें ठुमरी का वर्णन विशेष रूप से किया गया है। यह कथन इस तथ्य को प्रमाणित करता है कि उस समय में ठुमरी का प्रचलन था।

इसका वास्तविक विकास लखनऊ में ही, विशेषकर नवाब वाजिद अली शाह के शासन में हुआ। यूं तो 18वीं शताब्दी के अन्त में लखनऊ नगरी गायन और कथक नृत्य का गढ़ बन चुकी थी। नवाब आसिफुद्दौला के समय में ही बाबा प्रकाश जी लखनऊ आये। इन्हीं से लखनऊ घराने की नींव पड़ी और यहां के निवासी ठुमरी गान और कथक नृत्य में रुचि लेने लगे। 19वीं शताब्दी के प्रारम्भ में कथक नृत्य में ठुमरी पर भाव दिखाने का प्रचलन इतना बढ़ा कि कोई भी महफिल बिना ठुमरी नाच के अधूरी मानी जाती थी। वाजिद अली शाह ने इसे शास्त्रीय तथा सुसंस्कृत रूप प्रदान किया। उन्होंने स्वयं 'अख्तरपिया' नाम से असंख्य ठुमरियों की रचना की। उन्नीसवीं शताब्दी से बीसवीं शताब्दी के मध्य तक देश के विभिन्न भागों में ठुमरी गान के साथ नृत्य करने के लिये अनेक वेश्याओं का गायन, उसके साथ नृत्य और सहवाद्यों जैसे तबला, सारंगी, मंजीरा, सितार आदि उसके सहगामी वाद्यों ने भी ठुमरी की कलात्मकता को सुधारा तथा संवारा है। शनैः-शनैः ठुमरी का स्वतंत्र विकास होने पर भी लोग अपनी-अपनी क्षमताओं के अनुरूप इसे विकसित करने लगे।

ठुमरी की विकास यात्रा में कथक नृत्य का बहुत योगदान रहा है इसकी विस्तृत चर्चा हम अगले अध्याय में करेंगे। लखनऊ की ठुमरी की दो धारायें स्पष्ट थीं एक तो वह जो "गान प्रधान" होती थी जिसमें ठुमरी के बोलों की भाव अभिव्यंजना, स्वरों का उतार-चढ़ाव, अलाप आदि शामिल था और दूसरी 'नृत्य-प्रधान' जिसमें अभिनय और नृत्य विशेष रूप से कथक नृत्य किया जाता था गान प्रधान ठुमरियों में 'बोल बांट की ठुमरी' और 'बोल बनाव की ठुमरी' का प्रचलन बढ़ने लगा गान प्रधान ठुमरियों के साथ सितार की संगत का विशेष रूप से प्रचलन था।

सन् 1852 में ग्वालियर में भैया गणपत राव का जन्म हुआ। उनकी माता चन्द्रमाता ग्वालियर महाराज की रक्षिता और श्रेष्ठ गायिका थीं। गनपत राव ने उस्ताद सादिक अली खां साहब से गायन सीखा। वह हारमोनियम संगत में भी निपुण थे। वह श्रेष्ठ ठुमरी रचनाकार भी थे। उन्होंने "सुघर पिया" के नाम से उत्तम ठुमरियां रची है। उन्होंने कलकत्ता की गौहरजान, जद्दन बाई, आगरा की मलिकाजान, पटना की जोहराजान के साथ संगत की है। ठुमरी के विकास में भैया गनपत राव का अभूतपूर्व स्थान है। वह कहा करते थे कि, "जिस प्रकार नर्तक ठुमरी को हाव-भाव से अदा करता है ठीक उसी प्रकार गायक गले से अदा करता।" उनके बारे में यह प्रसिद्ध था कि भैया गनपत राव के हारमोनियम से ठुमरी बजती नहीं है बल्कि बोलती है। आपके शिष्य मौजुद्दीन बहुत प्रसिद्ध हुये जिन्होंने अनेक गायिकाओं को ठुमरी गायन की शिक्षा दी।

सन् 1875 में पंजाब के नालागढ़ में मौजुद्दीन खां का जन्म हुआ था। उनके पिता गुलाम हुसैन सितारवादक और माता जेबुन्निसा गायिका थीं। उन्हीं के समकालीन जगदीप मिश्रा जो

कि नृत्य व गायन दोनों में निपुण थे। वे आजमगढ़ के रहने वाले तथा कथिक जाति के थे बाद में बनारस आकर बस गये थे। ठुमरी की बनारस शैली का प्रवर्तक जगदीप मिश्र को ही माना जाता है। आपने विलंबित लय में ठुमरी गाने का चलन प्रारंभ किया। इस प्रकार भैया गणपत राव, मौजुद्दीन खां, जगदीप मिश्रा ने ठुमरी को विकसित करने में योगदान दिया साथ ही बनारस की वेश्याओं ने इसे लोकप्रिय बनाया और "बनारसी ठुमरी" नाम से यह धारा प्रसिद्ध हुई। बनारस की गायिकाओं में हुस्ना, विद्याधरी देवी, मैना, राजेश्वरी देवी, टामी बाई, चंपाबाई, सरस्वती बाई, शिवकुंवरि, चन्द्राबाई, भागीरथी, शाहजादी, इलाहाबाद की जानकी देवी उर्फ छप्पन छुरी, आगरा की मालिका जान, पटना की जोहरा जान, कलकत्ता की गौहर जान और बाद की पीढ़ी में बनारस की शैलकुमारी, कमला, शांति, मोहनी, झरिया की कमला का नाम आता है। बनारस की मोतीबाई, रसूलन बाई, सिद्धेश्वरी देवी 20वीं शताब्दी की उत्तम गायिकायें हैं। इनमें से कुछ प्रमुख गायिकाओं के जीवन एवं गायन शैली के बारे में संक्षेप में दृष्टिपात करेंगे-

गौहर जान

गौहर जान का जन्म बनारस में हुआ था उनके पिता रौबर्ट विलियम यूवार्ड तथा माता एडिलियन विक्टोरिया इमानगस थी जिन्होंने अपने पति की मृत्यु के बाद मुस्लिम धर्म अपना लिया था और मलका नाम से पहचानी जाती थी। गौहर जब दस वर्ष की थी तो उनकी माता और वह कलकत्ता आ गये थे। कलकत्ता में उनकी माता को सब बड़ी मलका जान के नाम से जानते थे। कविता, शायरी तो बचपन से ही उनके खून में था तथा नृत्य और गाने में गुरुओं से सीखकर उन्होंने महारथ हासिल की। वह अपने समय की शीर्षस्थ गायिकाओं में थीं सभी बड़े-बड़े उत्सवों, राजा, महाराजों, जमींदारों के यहाँ वे आमंत्रित की जाती थीं। वह नृत्य ठुमरी में प्रवीण होने के साथ-साथ सुन्दर भी थीं यही कारण था कि चंदू लाल शाह की बिनती पर उन्होंने बम्बई के फिल्म उद्योग से जुड़ने का फैसला किया। ठुमरी गायन में गमक, और तानों के कमाल उनकी विशेषता थी। गौहरजान ने ख्याल गायिकी की शिक्षा काले खान तथा ठुमरी की मोइजुद्दीन खान से ली है। उन्हें बंगाल की कोकिला कहा जाता था। गौहरजान को मैसूर के महाराजा ने अपने यहां राज दरबारी गायिका के रूप में नियुक्त किया तथा जीवन पर्यन्त वह वहीं रही। वह महान ठुमरी गायिका के रूप में प्रसिद्ध हुई।

जानकी बाई

जानकी बाई 'इलाहाबादी', 'बुलबुल', 'छप्पनछुरी' आदि के नाम से प्रसिद्ध थीं पर वह बनारस की रहने वाली थी जो कालान्तर में इलाहाबाद में बस गयी थीं। उन्होंने मौएजुद्दीन

खान से गाने की शिक्षा ली थी। राजा, महाराजा, जमींदारों तथा धनवानों के यहां जानकी बाई के बिना कोई भी कार्यक्रम, नहीं होता था। बेतिया राजा प्रत्येक वर्ष दशहरे पर जानकी बाई का गायन रखते थे। जौनपुर की रानी धनदेई, जानकी बाई की बहुत बड़ी प्रशंसक थी और वह जब भी जौनपुर के रनिवास में आती तो जानकी बाई से ठुमरी सुनती थी।

जानकी बाई ठुमरी, दादरा, भजन, गजल और चैती सभी में निपुण थी। वह धार्मिक, सादगी से रहने वाली महिला थी। वह हिन्दू थीं या मुसलमान, लोगों की अनेक धारणायें है पर जीवन के अन्तिम दिनों ने उन्होंने इलाहाबाद के ही एक मुस्लिम वकील से शादी कर ली थी। उन्होंने धर्मशालायें आदि भी बनवायी थीं। सन् 1926 में आपकी मृत्यु हुई थी।

मुश्तारी बाई

मुश्तारी बाई आगरा की जानी मानी गायिका और नृत्यांगना थी। उनके गायन में इतनी गहराई और पवित्रता थी कि रेडियो में प्रसारित उनका गाना सुनकर कवि रवीन्द्र नाथ टैगोर ने उनका पता पूछा और उनसे मिले तथा अपनी शुभकामनायें दी। कलकत्ता के रामचन्द्र बोरल उन्हें अपने यहां प्रतिवर्ष आयोजित ''लालचन्द्र बोरल स्मृति ट्रस्ट'' के वार्षिक संगीत सम्मेलन में आमंत्रित करते थे।

रसूलन बाई

रसूलन बाई "पूरब अंग टप्पा की ठुमरी" गायिकी को गाती थी उनके गुरू उस्ताद शामू खान टप्पा शैली के बहुत बड़े गायक थे। वह टप्पे की तान में निपुण थी और श्रोताओं को उनकी मीठी आवाज के साथ उनकी गायिकी का यह अंदाज बहुत पसंद था। अनेक महफिलों में उन्होंने यह साबित किया कि उनकी आवाज में गहराई, दर्द और भावनायें छुपी हुई है। खास बनारस शैली की "बोल बढन्त" शैली में वह न सिर्फ टप्पा, ठुमरी बल्कि दादरा, पूरबी गीत, चैती और लोकगीत आदि भी गाती थी। देश में आयोजित अनेक वार्षिक संगीत सम्मेलनों में उन्होंने गाया। रसूलन बाई के ग्रामोफोन रिकार्ड (ठुमरी और दादरा) आज भी श्रोताओं में लोकप्रिय है। रसूलनबाई को उनकी गायिकी के लिये संगीत नाटक अकादमी अवार्ड भी मिला है।

सिद्धेश्वरी देवी

सिद्धेश्वरी देवी का जन्म सन् 1903 में बनारस के एक संगीत प्रेमी परिवार में हुआ था। आपकी मौसी मैना देवी बनारस की बहुत जानी-मानी गायिका थी। उनमें बचपन से ही संगीत के प्रति असाधारण लगाव था। वह गौहरजान, जानकी बाई के ग्रामोफोन रिकार्ड सुनती थीं। उनको सन् 1966 में राष्ट्रपति द्वारा पद्मश्री एवार्ड मिला। रवीन्द्र भारती विश्वविद्यालय ने

"डीलिट्" की उपाधि दी। "देसीकोटमा" की उपाधि विश्व भारती ने दी वह रामपुर, मैसूर, जोधपुर, लाहौर दरबार के अलावा आकाशवाणी के अनेक सेमिनारों में भाग ले चुकी है। आपकी ठुमरी, ख्याल अंग प्रधान और छोटी तानों वाली होती थी। सिद्धेश्वरी देवी रोम, अफगानिस्तान और नेपाल में भी अपनी कला का प्रदर्शन कर चुकी है।

बेगम अख्तरी

बेगम अख्तरी का जन्म 7 अक्तूबर, 1910 में फैजाबाद में हुआ था। आपको 'गजलों की रानी' कहा जाता था। ठुमरी में आप सिद्ध हस्त थीं। संगीत नाटक अकादमी अवार्ड, पदमश्री सम्मान से आपको नवाजा गया। उन्होंने कुछ समय भातखण्डे हिन्दुस्तानी संगीत महाविद्यालय में ठुमरी भी सिखायी थी। बेगम अख्तरी का नाम पूरे विश्व में प्रसिद्ध है। 22 अक्तूबर, 1974 में आप सदा के लिए संगीत जगत को अलविदा कह गयी। वर्तमान शीर्षस्थ गायिकाओं में गिरिजादेवी, माणिक वर्मा का नाम आता है। लखनऊ ठुमरी का विकास सर्वाधिक अवध नवाब वाजिद अली शाह ने किया है। जिसका उल्लेख "कथक नृत्य में ठुमरी का स्थान" शीर्षक में दिया गया है।

निष्कर्ष

ठुमरी की उत्पत्ति एवं विकास की उन्नति श्रोताओं की रुचि को देखते हुए बढ़ती गयी और ठुमरी ने समाज में एक विशेष स्थान बनाया। ठुमरी गायन शैली की ऐसी विद्या है जो श्रोताओं को न सिर्फ सुनने तक सीमित रखती है बल्कि उनकी कल्पनाओं को पंख दे देती है। ठुमरी गायन में उसके बोल, एक ही शब्द "पिया" को अनेक तरह से कहने का भाव, क्षणभर में अनेक चित्र एवं रंग बिखेर जाता है। "ठुमरी" न सिर्फ गायन शैली है बल्कि पूरा इतिहास है। 19वीं 20वीं शताब्दी की वैश्याओं के कारण ही इस शैली को इतनी प्रसिद्धि मिली और समाज में प्रतिष्ठा वर्तमान युग के गायकों तथा नर्तकों द्वारा।

"ठुमरी" में सिर्फ श्रृंगारिकता ही नहीं है वरन् भावों की प्रवीणता, भक्ति का सागर भी है इसके इसी गुण को आज के रसिक जन समझ गये हैं जिसके कारण विभिन्न महाविद्यालयों में इसे पाठ्यक्रम में रखा गया है। वर्तमान पीढ़ी के लिये यह बहुत बड़ी जिम्मेदारी भी है कि इसे और अधिक ऊंचाईयों पर ले जाया जाये क्योंकि ठुमरी गाने के लिये सिर्फ पूर्ण तालीम की ही नहीं बल्कि धैर्यपूर्वक रियाज और पर्याप्त ज्ञान की भी आवश्यकता है।

2

नृत्य का ऐतिहासिक अध्ययन

मनुष्य भावात्मक तथा संवेदनशील प्राणी है और नृत्य उन संवेदनाओं को व्यक्त करने का माध्यम है। मानव में जन्म के साथ सुख-दुख, हर्ष, विषाद, क्रोध, रोमांच, गर्व, आक्रोश, भय, चपलता आदि अनेक भाव-विभावों का संचार प्रारम्भ हो जाता है जो जीवन में अनेकानेक मोड़ों पर विविध रंगों की अमिट छाप छोड़ जाता है। इन विविध रंगों के दर्शन वह प्रकृति के सानिध्य में रहकर प्राप्त करता है। अतः अपने हृदय में उठ रहे अनगिनत भावों को प्रकट करने के लिये मनुष्य ने प्रकृति को ही माध्यम बनाया।

मिट्टी की खुशबू, वायुवेग से खेतों में झूमती बालियाँ, सागर की उठती-गिरती लहरें, झरनों का कलकल बहता पानी, सूर्य-चन्द्र का उदय तथा अस्त होना, पक्षियों का उन्मुक्त विचरण, पक्षियों की दूरगामी उड़ाने, ऋतुओं का क्रमशः आगमन आदि प्रकृति के समस्त क्रिया-कलापों में "गति" का होना सिद्ध करता है। इनसे प्रेरणा लेकर ही मनुष्य के हृदय में उमड़ते भावों की अभिव्यक्ति का माध्यम "गतिशीलता" बनी। शनैः शनैः मानव सभी भावों को शारीरिक गति द्वारा व्यक्त करने लगा। नेत्रों, ग्रीवा, संचालन, अंग-प्रत्यंग आदि द्वारा अपनी बातों को समझाने लगा। प्रकृति के अद्‌भुत क्रिया-कलापों तथा दृश्यों से प्रेरित होकर वह सभी भावों को दर्शाने के लिये खुशी और उल्लास में झूमने लगा तथा इसी क्रिया ने स्वतः "नर्तन" का रूप धारण कर लिया।

अपनी अभिव्यक्तियों को सजा-संवार कर प्रस्तुत करना मनुष्य की प्रवृत्ति है और जब यही प्रवृत्ति नृत्य के साथ संलग्न हो जाती है तो वह "नृत्यकला" कहलाती है। नृत्य कला मनुष्य के लिये मात्र मनोरंजन ही नहीं वरन् दैनिक जीवन का अभिन्न अंग भी है।

वर्तमान में नृत्य का जो रूप हमें दृष्टिगोचर होता है उसके पीछे अनेक युगों की खोज तथा विकास के लिए किया गया अथक प्रयास भी सम्मिलित है, जिसके अध्ययन तथा उद्‌भव की जानकारी हेतु इतिहास के पृष्ठों को उलटना अत्यन्त आवश्यक ही नहीं अनिवार्य होगा।

मानव संस्कृति के सुसभ्य होने के लक्षण हमें ऐतिहासिक दृष्टि से द्रविड़ सभ्यता से प्राप्त होते हैं। अतः नृत्य की विकास यात्रा का प्रारम्भ हम द्रविड़ संस्कृति को ही आधार मानकर करेंगे, परन्तु इससे पूर्व भारतीय संस्कृति का ऐतिहासिक पृष्ठभूमि पर नृत्य जन्म विषय के बारे में क्या विचार है यह जानना अत्यन्त आवश्यक ही नहीं वरन् अनिवार्य है।

ऐतिहासिक पृष्ठभूमि

"नृत्य" की उत्पत्ति कब हुयी? कैसे हुयी? इत्यादि के विषय में निश्चित रूप से ठोस प्रमाण प्राप्त नहीं होते हैं। कदाचित कला, नृत्य, शिल्प इत्यादि सभी उतने ही प्राचीन है जितनी मानव संस्कृति तथा समाज।

भारत की संस्कृति परम्परा अत्यन्त प्राचीन है। नृत्य सांस्कृतिक सम्पत्ति का अभिन्न अंग है। समस्त कलाओं का प्रारम्भ यूं तो हम मानव उन्नति की साक्ष्य द्रविड़ सभ्यता से मानते हैं परन्तु इससे पूर्व भारतीय विद्वानों, दर्शनशास्त्रियों, तथा चिन्तकों के आधार पर समस्त कलात्मक क्रिया-कलापों का जन्म हम अलौकिक मानते हैं। इस दार्शनिकता की पृष्ठभूमि में नृत्य की उत्पत्ति नटराज भगवान शंकर द्वारा मानी गयी है।

कुछ विद्वान गणेश, श्री कृष्ण को भी नृत्य रचयिता मानते हैं। ऐसी ही नृत्य करते गणपति की मूर्ति 9वीं शती ई. की राज्य संग्राहलय, लखनऊ में रखी हुयी है, जो कि फर्रूख़ाबाद से प्राप्त हुयी है।

भारतीय संस्कृति की प्राचीनता को आधार मानकर नृत्य के विकास क्रम पर एक दृष्टिपात करेंगे।

1. द्रविड़ सभ्यता :-

द्रविड़ सभ्यता से सम्बद्ध मोहनजोदड़ो, हड़प्पा, लोथल, मिर्जापुर, पटना, काठियावाड़, उदयगिरि, महाबलीपुरम् आदि स्थानों पर खुदाई हुयी तथा सम्पूर्ण जगत के समक्ष ईसा से पाँच हजार वर्ष पूर्व सभ्यता एवं मानव संस्कृति की झाँकी उजागर हुयी। सभी स्थानों में खुदाई द्वारा प्राप्त एवं संरक्षित ऐसी बहुत सी अभिनय, नृत्य सम्बन्धी वस्तुयें मिली हैं जिनके अवलोकन से स्पष्ट होता है कि उस मानव समाज में नृत्य रूपी बीज पूर्णतः अंकुरित हो चुके थे। इन स्थानों से प्राप्त कुछ प्रमाण तो अनुपम एवं अनूठे हैं:-

1. एक विश्व मूर्ति जो कि ताण्डव मुद्रा में प्रतीत होती है।
2. गले में हँसुली और बांये हाथ की कलाई से बाजुओं तक चूड़ियों पहले यह अनावृत्त नर्तकी अपनी कमर पर हाथ टिकाये ऐसी मुद्रा में खड़ी है मानो अभी थिरक उठेगी।

यह मूर्ति नई दिल्ली राष्ट्रीय संग्रहालय में सुरक्षित है। इस कलाकृति में आंगिक अनुपात में भले ही तारतम्य नहीं है, किन्तु उसमें एक ऐसी लय, गति एवं भंगिमा है, जो दर्शकों को बरबस ही आकर्षित कर लेती है।

3. कटक, उड़ीसा के समीप उदयीगिरी की हाथी गुफा (ईसा 2000 वर्ष पूर्व) के प्रकोष्ठ में बने एक भित्ति चित्र में नृत्य संगीत-रत स्त्री का सुन्दर चित्र बना हुआ है।

[1]निम्नलिखित साक्ष्यों के आधार पर सुप्रसिद्ध इतिहासकार फेडिस लिखते हैं कि :- "द्रविड़ों का नृत्य बड़ा ही उच्चकोटि का था, उसमें हमें जीवन की एकरूपता, जीवन की व्यापकता तथा आत्म सौन्दर्य का ऐश्वर्य प्राप्त होता है। द्रविड़ों की नारियाँ नृत्य विशारदा हुआ करती थीं। द्रविड़ नारी का प्रधान गुण नृत्य में निपुणता माना जाता था इसीलिये द्रविड़ नारी का स्वास्थ्य भी बड़ा सुंदर होता था। उन्होंने नृत्य के वैधानिक तथा मनोवैज्ञानिक एवं धार्मिक तथा आध्यात्मिक दृष्टिकोण को समझ लिया था, तभी तो हमें उस काल में मानव जीवन की असीम उत्कृष्टता प्राप्त होती है, वास्तव में उनके नृत्य का विकास आश्चर्यजनक था। आज विश्व अवश्य ही द्रविड़ सभ्यता व संस्कृति से प्रभावित हुआ है, और संगीत तथा नृत्य के मौलिक तथ्य प्राय: द्रविड़ संस्कृति से ही लिये गये हैं। आज के द्रविड़ों में भी हमें अनेक प्राचीनतम रूप की उत्कृष्ट झाँकी मिलती है।"

इस प्रकार हम देखते हैं कि आज नृत्य कला को चरम उत्कर्ष तक पहुँचाने का श्रेय सर्वप्रथम उन्हीं द्रविड़ सभ्यता के कला प्रेमियों को जाता है। वह प्रथम प्रयास निश्चय ही सराहनीय है।

2. वैदिक काल :-

सभ्यता के पश्चात् तो नृत्य कला उन्नति के प्रशस्त-पथ पर बढ़ती चली गयी। नृत्य कला का यौवन काल वैदिक युग से ही प्रारम्भ होता है। वैदिक काल के निश्चित समय का निर्धारण इतिहासकारों के लिये भी कठिन विषय है। कुछ विद्वानों का मत है कि आर्यों का आगमन वैदिक युग में ही हुआ था।

वेदों में हमें संगीत (गायन, वादन तथा नृत्य) सम्बन्धी सामग्री का अगाध भण्डार मिलता है, तथा तीनों कलाओं का समान रूप से विकास हुआ इसकी जानकारी भी प्राप्त होती है। सार्वजनिक सभाओं में क्रमश: तीनों कलाओं का प्रदर्शन प्रचिलत हो चुका था। जनता नृत्य कार्यक्रमों में व्यक्तिगत रूप से भाग लेती थी। नर्तकियों की प्रतिष्ठा एवं सम्मान था।

ऋग्वेद में स्थान-स्थान पर नृत्य की व्याख्या मिलती है जिससे यह ज्ञात होता है कि वह लोग नृत्य कला के लक्षणों तथा बारीकियों से भली-भाँति परिचित थे। यथा :- (1)

1. **"नृत्यमानों अमृत"** (ऋग्वेद 5-33-6)
   अर्थात् नृत्य करना अमृतमय है।

2. **"जगाम नृत्यये"** (ऋग्वेद 10-18-3)
   आचार्य सायणं ने इसकी व्याख्या करते हुए कहा कि नृत्य कर्म के लिए अंग संचालन है।

3. **"यस्यां" गायन्ति नृत्यन्ति भूम्याँ मत्यां :"**

   (अथर्ववेद के पृथिवी सूक्त 12-1-41)
   अर्थात् जिस भूमि पर मनुष्य नाचते गाते हैं।

ऋग्वेद में हमें अनेक अप्सराओं तथा नर्तकियों का भी उल्लेख प्राप्त होता है जिसमें आर्य संस्कृति की प्रख्यात नर्तकी उर्वश्री का वर्णन है। इस युग में अनेक प्रकार के नृत्य किये जाते थे- "रज्जूनृत्य", "सलिल नृत्य", "अरूण नृत्य", "पुण्य नृत्य", "बसन्त नृत्य" आदि।

वैदिक युग की सबसे बड़ी विशेषता नृत्य में पवित्रता थी जो स्वर्गिक सौन्दर्य तथा आत्मिक शान्ति दोनों प्रदान करती है। इस युग में कला तथा धर्म दोनों को एक दूसरे के सान्निध्य में बढ़ावा मिला। नृत्य तथा गायन इत्यादि का सम्बन्ध मात्र जीवन ही नहीं वरन् धर्म से भी जोड़ दिया। यज्ञ इत्यादि में संगीत नृत्य का प्रचार तथा वर्चस्व था जिसका उल्लेख "शतपथ ब्राह्मण" में मिलता है कि ऋत्विक एवं उनकी पत्नी तथा अन्य पुरवासियों ने ताल पर ताल मिलाते हुए अग्निकुण्ड के आस पास नृत्य किया था। तब तक नृत्य जीवन के अन्तर में समाहित हो चुका था। इसका दिव्य उदाहरण "समन" नामक सामाजिक उत्सव है जो कि तद्कालीन संगीत-नृत्य मेला था। वहाँ नर-नारियाँ आमोद-प्रमोद हेतु जाते थे। समन के कुछ प्रकार के वाद्यों का भी उल्लेख साहित्यों में प्राप्त होता है तथा युवक-युवतियाँ सामूहिक रूप से आनन्द हेतु गायन, वादन तथा नृत्य करते थे।

श्री उमेश जोशी ने अपनी पुस्तक "भारतीय संगीत का इतिहास" पृष्ठ 424 पर वैदिक काल की नृत्य परम्परा की प्रशंसा में लिखा है कि-

"आर्यों के नृत्य को धार्मिक रूप ही नहीं दिया, वरन् उसकी दार्शनिक, आध्यात्मिक, सौन्दर्यात्मक, कथात्मक, वर्णनात्मक, भावात्मक एवं मनोवैज्ञानिक रूप भी दिया और उसमें एक नवीन वैज्ञानिक एवं सामाजिक चेतना भी डाली।

अत: वैदिक काल से निश्चय ही संगीत नृत्य की उन्नति प्रारम्भ हुयी। अनेक जातियों ने संगीत नृत्य आदि कलाओं को व्यवसाय के रूप में अपनाया, निश्चय ही इस युग की यह एक महत्वपूर्ण उपलब्धि थी। वैदिक युग में रचित तैत्तरीय ब्राह्मण (3-4-1-15) में सूत, शैलूष (गायक) मागध, अभिनेता इत्यादि अनेक जातियाँ दृष्टिगोचर होती हैं। शैलालि तथा कृशाश्व दो अन्य जातियों का उल्लेख पाणिनी कृत अष्टाध्यायी से प्राप्त होता है।"

3. पौराणिक काल :-

"मारकण्डेय पुराण", "वायु पुराण", "तैतरीय पुराण", "ऐतरेय उपनिषद", ("शतपथ ब्राह्मण", "विष्णु पुराण", आदि अनेक ग्रन्थों, पुराणों की रचना पौराणिक काल मे हुयी। रिक्त सभी ग्रन्थों में नृत्य का उल्लेख हमें इस बात से अवगत कराता है कि नृत्य का स्थान हमारे समाज में विकासोन्नमुख होता चला गया।

"समन" नामक संगीतिक मेले का स्थान पौराणिक युग में "समज्जा" ने ले लिया था। इस मेले का क्षेत्र तथा उद्देश्य अधिक विस्तृत था। इसमें कला प्रदर्शन के आधार पर वर-वधू चुनाव भी होते थे। नारियों का वसन अलंकरण दर्शनीय होता था। नर्तकों की रूचियों में नवीनता की झलक आने लगी थी।

हरिवंश पुराण में नृत्योल्लेख अधिक प्राप्त होता है। उसमें उर्वश्री, हेमा, रम्भा, मेनका, मिश्रकेशी, तिलोत्तमा आदि अप्सरों तथा नृत्यांगनाओं का उल्लेख प्राप्त होता है। पुराणों में कहीं पर भी नृत्य के निम्नकोटि के होने का संकेत नहीं मिलता है। ग्रन्थों में "छालिक्य नृत्य" का वर्णन मिलता है जो श्री कृष्ण ने अपने गुरू संदीपन से नृत्य शिक्षा को प्राप्त कर विकसित किया था जो आज भी प्रचलन में है।

4. रामायण काल :-

रामायण काल में नृत्य की स्थिति को दर्शाती वाल्मीकि कृत रामायण का रचनाकाल ई. से 1600 वर्ष पूर्व का माना जाता है। इस काल में स्वयं राजा को संगीत में रूचि थी तो प्रजा तो उसकी अनुकरणीय होती है। इस काल की सबसे बड़ी विशेषता यह थी कि उच्च तथा निम्न दोनों वर्गों के लोग मात्र मनोरंजन की दृष्टि से नृत्य नहीं वरन् उत्तमता को ध्यान में रखकर नृत्य करते थे।

मनुष्यों को शिक्षा-दीक्षा के साथ-साथ गायन नृत्य की भी अनिवार्य शिक्षा प्रदान की जाती थी। श्री रामचन्द्र विभिन्न कलाओं वाद्य संगीत चित्रकला के ज्ञाता थे।

रामायण में प्राप्त नृत्य सम्पन्नता के उदाहरण :-

1. **रथयाश्च जनसम्बाधा नट-नर्तक संकुला,** (रामा 01/18/18)

अर्थात् राम जन्मोत्सव पर राज मार्ग में नट तथा नर्तकों की भीड़ लगी हुयी थी।

2. **नटनतर्कसंधानां गायकानां च गायताम्।**
यतः कर्णसुखावायः सुश्राव जनता ततः॥ (रामायण 2/67/15)

अर्थात् राम राज्याभिषेक के अवसर पर जनसाधारण - नटी, नर्तकी व गायकों की कर्ण सुखद वाणियों को बड़ी तन्मयता से सुन रहे थे।

3. **वधूनाटक संधैश्च संयुक्तां सर्वतः पुरीम्** (रामा. 1/5/12)

समस्त अयोध्या नगरी गणिकाओं तथा नाटक मण्डली से घिरी रहती थी।

4. **रामास्याभ्यवहारार्थ किकास्तूर्प माहरन्।**
उपानृत्यंश्च रामानं नृत्य गीत विशारदा॥
अन्सरोग संधाश्च किन्नरी परिवारिता।
दक्षिण रूपवत्यश्च स्त्रियः कामवंशगाता।
उषानृत्यन्त काकुत्स्य "नृत्य गीत विशारदा"॥

अर्थात् राजा राम के सम्मुख व्यवहार योग्य वस्तुयें प्रस्तुत की गयीं हैं और नाचना गाना भी शुरू हुआ। नृत्य गीत विशारदायें प्रस्तुत हुयीं-एक से एक सुन्दर अप्सरायें, नाग-बालायें, किन्नरियाँ सबने मस्त होकर अपूर्व कला का प्रदर्शन किया।

5. **जनकपुरी में राम विवाह अवसर पर :-**

"पुष्पवृष्टिर्महत्यासीदन्तरिक्षात् - सुभास्वरा।
दिव्यदुन्दुभिनिर्घोषै गीतवादित्रनिः स्वैनः॥
ननृतुश्चाप्सरः संघा गंन्धवश्चि जगुः कलम्।
विवहि रघुमुख्यानां तद्दभुतमृश्यत॥"

(रामायण बालकाण्ड सर्ग - 73, 37, 381)

उस समय आकाश से फूलों की बड़ी भारी वर्षा हुयी, जो सुहावनी लगती थी। दिव्य दुर्न्दुभियों की गम्भीर ध्वनि, दिव्यगीतों के मनोहर शब्द और दिव्य वाद्यों के मधुर घोष के साथ झुंड की झुंड अप्सरायें नृत्य करने लगीं और गन्धर्व मधुर गीत गाने लगें। उन रघुवंशशिरोमणि राजकुमारों के विवाह में वह अद्भुत दृश्य दिखाई दिया।

6. रावण के भवन में अपसराओं, किन्नरों, गंधर्वों का वर्णन रामायण में मिलता है। रावण के स्वयं भी कुशल नर्तक होने का उल्लेख मिलता है।

"ततः सतामार्तिहरं परं वरं वर प्रदं चन्द्रमयूरव भूषवाम्।
समर्चयित्वा स निशाचरौ जगौ पसार्य हस्तान् प्रण नर्त चाग्रतः॥"

(रामायण उत्तरकाण्ड संर्ग–31/44)

अर्थात् भक्तजनों के क्लेश हरने वाले, वरदानी, चन्द्रभूषण श्री महादेव जी की सर्व प्रकार से पूजा करें, राक्षसश्रेष्ठ रावण हाथ ऊँचे कर भक्तिपूर्वक शिवलिंग के सामने नाचने लगा।

निम्न उदाहरणों का प्राप्त होना इस बात का साक्षी है कि रामायण काल में नृत्य की उन्नति हुयी तथा वह सभी वर्गों में परस्पर विसतारित हुआ।

5. महाभारत काल :-

महाभारत के महानायक नटवर श्री कृष्ण जो एक स्वयं कुशल वादक तथा नर्तक थे, उनका बाँसुरी वादन सुनकर तो प्रत्येक प्राणी अपने कार्यों को छोड़ मस्त हो जाता था। इसी प्रकार हरिवंश पुराण के अनुसार उन्होंने "छालिक्य नृत्य" का आविष्कार किया। "रास नृत्य" तो ब्रज भूमि को लोक रंगों से सजा देती है। रास नृत्य को "हल्लीस" या "हल्लीसक" भी कहा जाता है। कृष्ण प्रपौत्र प्रद्युम्न की पत्नी ऊषा को लास्य नृत्य की शिक्षा स्वयं माता पार्वती ने दी थी तथा कहा जाता है कि उषा ने ही लास्य को पृथ्वी पर प्रचारित किया था।

महाभारत की रचना वेदव्यास जी ने ई. से 1100 वर्ष पूर्व की थी। भीष्म पितामह ने युधिष्ठिर को नृत्य कला सीखने का आदेश दिया था। अर्जुन नृत्य कला के पूर्ण ज्ञाता माने जाते हैं तथा इस कला का उपयोग अर्जुन ने अज्ञातवास में वृहन्नला बनकर किया, महाराज विराट की पुत्री उत्तरा को नृत्य की शिक्षा दी थी। उसी समय उन्होंने "नृत्य निर्णय" नामक ग्रन्थ की रचना भी की।

महाभारत काल में नृत्य को सामाजिक प्रतिष्ठा प्राप्त थी जिस कला की यात्रा द्रविड़ युग या सम्भवत: उससे पूर्व प्रारंभ हुयी थी उसमें किसी भी प्रकार की बाधायें न आयी वरन् नृत्य का विकास होता रहा परन्तु महाभारत के अन्तिम चरण में नृत्य के विकास की यह उन्नतशील श्रृंखला कुछ टूटती सी प्रतीत होती है। नृत्य अब केवल मनोरंजन एवं विलास के रूप में परिवर्तित होने लगा था।

6. जैन युग :-

महाभारत काल में हुये युद्ध प्रसंगों के पश्चात् जनमानस का हृदय विरक्त हो चुका था

ऐसे में ईसा से 599 वर्ष पूर्व जैन धर्म प्रवर्तक महावीर स्वामी का जन्म हुआ। उन्होंने जन समुदाय को तपस्या एवं आध्यात्म का मार्ग दिखाया। निवृत्ति मार्ग का होने के पश्चात् भी जैन प्रवर्तक ने अपने सम्प्रदाय के प्रचार प्रसार हेतु संगीत का मार्ग चुना। नृत्य का आयोजन सार्वजनिक स्थानों पर होता था, किन्तु राजदरबारों में नृत्य समारोहों का विशेष आयोजन होता था जिसमें श्रेष्ठ परिवारों की कन्यायें भाग लेती थीं। जैनियों के "रायपसेणीय सूत्र" नामक ग्रन्थ में नाट्य, नृत्य गीत, ताल आदि की गणना की गयी है। "औपपत्तिक सूत्र" में पूर्णभद्र चैत्य का वर्णन करते हुये लिखा गया है कि वहाँ नटों, नर्तकों, संगीतज्ञों आदि का जमघट लगा रहता था।

जैन युग में अनेक लक्षण ग्रन्थों की रचना हुयी जिनमें पार्श्वदेव का "संगीत समयसार", सुधाकलश का "संगीतोपनिषद्" तथा मण्डन का "संगीत-मण्डल" इस पक्ष की ओर इंगित करता है कि संगीत, नृत्य का क्रमशः विकास होता रहा।

7. बौद्ध युग :-

महावीर स्वामी की भाँति गौतम बुद्ध ने भी जनसमुदाय का निवृत्ति मार्ग से साक्षात्कार कराया। गौतम बुद्ध ने बौद्ध धर्म का प्रचार ईसा से 563 वर्ष पूर्व किया था। महात्मा बुद्ध स्वयं राज परिवार से सम्बन्धित थे। तब राजकुमारों, कुमारियों तथा उच्च वर्ण के समुदायों को संगीत-नृत्य की शिक्षा अनिवार्य रूप से प्रदान की जाती थी जिसका वे सार्वजनिक रूप से प्रदर्शन करते थे। प्रसिद्ध बौद्ध ग्रन्थ "ललित प्रस्तर" में 79 कलाओं का वर्णन है जिसमें, संगीत, नृत्य नाट्य लास्य प्रमुख है। गौतम बुद्ध को सभी कला में निपुण बताया जाता है।

इस काल में नृत्य का झुकाव व्यवसायिकता की ओर रहा है। वैशाली की प्रसिद्ध नगर वधू आम्रपाली इसी युग की थी जिनको सामाजिक प्रतिष्ठा प्राप्त थी। उपलब्ध बौद्ध साहित्य में अनेक नृत्य संगीत सम्बंधी उदाहरण प्राप्त होते हैं। गणिकाओं का मुख्य कर्तव्य नृत्य द्वारा पुरूषों को रिझाना था। नगर वधू बनने के लिये संगीत नृत्य की प्रतियोगिताओं के लंबे चरण से गुजरना पड़ता था।

निम्न तथ्य इस बात को दर्शाते हैं कि समाज में नृत्य तथा संगीत रच बस गया था। इस युग में नटों, नर्तकों, गणिकाओं व अन्य व्यवसायिक कलाकारों का भी समाज में नाम व प्रतिष्ठा थी। दरबारी गायकों का प्रारम्भ इस युग की देन है।

8. मौर्य, शुंग तथा कनिष्क काल :-

ईसा से तीसरी शताब्दी के मध्य तक मौर्य, शुंग तथा कनिष्क काल रहा है। इन सभी कालों में प्राप्त सभी साहित्यों, ग्रन्थों में लगभग एक बात मिलती है कि राजा को गायन,

वादन, नृत्य, वीणा, वेणु, मृदंग आदि कलाओं में निपुण होना चाहिए यदि राजा ललित कलाओं का पारखी तथा विद्वान होगा तो प्रजा स्वयं ही कलाओं के विकास में अग्रोन्मुख होगी।

184 ई.पू. में पुष्यमित्र शुंग का शासनकाल रहा। संस्कृत के प्रकाण्ड पंडित पाणिनी, पतंजलि इत्यादि इसी काल में जन्में तथा "अष्टाध्यायी" एवं "महाभाव्य" जैसे ग्रन्थों की रचना की जिनमें नृत्य, नाट्य सम्बन्धी अनेक सामाग्री प्राप्त होती है।

(78 से 120 ई.) कनिष्क काल में संगीत का विकास तेजी से हुआ। देश भर में संगीत नृत्य नाट्य शालाओं का आरम्भ हुआ। जिनमें वर्ष पर्यन्त संगीत समारोहों का आयोजन होता था। इनमें विदेशों के संगीतकार नर्तक भी भाग लेते थे। इस युग की सबसे बड़ी उपलब्धि कल्पनाशील नृत्य थे। नर्तक अपनी कल्पनाशक्ति के आधार पर नृत्य सृजन का कार्य करते थे।

सभी साक्ष्यों द्वारा प्रमाणित होता है कि इन युगों में नृत्य का उत्तरोत्तर विकास होता रहा।

9. नाग युगः-

ईसा की तीसरी शताब्दी के अन्तिम चरण में नृत्य के क्षेत्र में एक आश्चर्यजनक उन्नति दृष्टिगोचर होती है। यह समय नाग युग का था। नाग कन्यायें नृत्य में बहुत कुशल होती थीं तथा सार्वजनिक रूप से अपने नृत्य का प्रदर्शन करती थीं।

इस युग की सबसे बड़ी उपलब्धि भरतमुनि कृत नाट्शास्त्र की रचना थी जो नृत्य तथा संगीत के क्षेत्र में प्रसार-प्रचार में सबसे अधिक उपयोगी सिद्ध हुयी थी। इस युग में नृत्य के बड़े-बड़े कलाकारों ने जन्म लिया था। नृत्यकला पर से अनैतिकता का आवरण समाप्त हो चुका था। लोग नर्तकी को दैवी शक्ति रूप में पूजते थे तथा जिस प्रकार राजाओं के मनोरंजनार्थ गणिकायें रहती थीं उसी प्रकार देवताओं के लिये नर्तकी को देवदासियाँ बनाकर अर्पण किया जाता था तथा गणिकाओं का कार्य राजा के समक्ष तथा देवदासियों का कार्य देवता के समक्ष नृत्य करना था।

एक अन्य महत्वपूर्ण कार्य हुआ अभी तक लोक नृत्य ही प्रचलन में थे विद्वान नर्तकों द्वारा लोक नृत्यों का शास्त्रीयकरण किया गया। अतः इस युग को "लोक तथा शास्त्रीय संधि युग" कहें तो अतिश्योक्ति नहीं होगी। इनका वर्णन भरत के "नाट्यशास्त्र" से प्राप्त होता है।

10. गुप्तकालः-

इतिहास की दृष्टि से ई. सन् 320 से 600 का समय "स्वर्णयुग" कहा जाता है। गुप्त काल के अभ्युदय के साथ-साथ नृत्य में नवीनता तथा स्फूर्ति आयी। इस युग से प्राप्त मूर्तियाँ

तथा चित्र हमें इस पहलू से अवगत कराते हैं कि नृत्य मात्र मनोरंजन नहीं वरन् साधना बन चुका था तथा कलाकार कला की अनछुई गहराइयों में उतर गये थे।

इस युग में नृत्य के सभी पहलुओं का विकास हुआ। नृत्य राजदरबारों की शोभा समझे जाते थे तथा कलाकारों को विभिन्न अलंकरण तथा उपाधियों से विभूषित किया जाता था। नृत्य के आध्यात्मिक पृष्ठ को समझ कर उसको ऊँचा उठाया गया।

गुप्तकाल में नृत्य के क्षेत्र में हुयी उपलब्धियों पर एक दृष्टिपात करेंगे :-

1. प्रसिद्ध नाटककार कालिदास का जन्म इस युग में माना जाता है। उन्होंने "कुमार सम्भव", "अभिज्ञान शाकुन्तलम्" "विक्रर्मोवशीयम्", "माल्विकाग्निमित्रम्" आदि नाटकों की रचना की थी। इनमें "माल्विकाग्निमित्रम्" की नायिका मालविका को अत्यन्त श्रेष्ठ नर्तकी बताया गया है कि स्वयं उसके गुरु आचार्य गणदास उसकी प्रशंसा करते हुए कहते है कि - मैं जो जो भाव उसे सिखलाता हूँ उन्हें अब वह और भी सुन्दरता के साथ करके दिखने लगती है, तब ऐसा प्रतीत होता है कि मानो मुझे सिखा रही है।

   "यत्रव्प्रयोग विषये भाविकमुपदिश्यते मया तस्यै।
   तत्रदृविशेषकरणात्प्रत्युवदिशतीव में बाता।।"

   इसी प्रकार उनके द्वारा रचित अधिकतर ग्रन्थों की नायिका उर्वश्री तथा सानुमती आदि होती थीं जो उत्तम नृत्यांगनायें थीं।

2. महाकवि भास ने "दूत-घटोत्कच", "उरू-भंग", "स्वप्न", "वास-वदत्ता" इत्यादि तथा शूद्रक ने "मृच्छकटिकम्", विशाखदत्त ने "मुद्राराक्षस" भारवी ने "किरातार्जुनीयम्" इत्यादि की रचना कर नृत्य जगत को अनुपम निधि दी है। इन सभी नाटकों की विशेषता यह है कि नृत्य व संगीत का प्रमुख स्थान है तथा कोई भी दृश्य नृत्य शून्य नहीं होता था।

3. मद्रास के निकट कान्जीवरम् देलवांकर, मझडशाफतू, कुटषम् तथा महाल्लपुरम् आदि स्थानों पर बनी हुयी इस युग की मूर्तियाँ अपनी भाव भंगिमाओं द्वारा नृत्य के उन्नत होने को दर्शाती है।

   चन्द्रगुप्त द्वितीय के समय एक चीनी यात्री फाह्यान भारत आया था जो छः वर्षों तक भारत में रहा। उसने लिखा है कि गुप्त साम्राज्य में संगीत तथा नृत्य अपने चरमोत्कर्ष पर था। ज्येष्ठ मास में अष्टमी के दिन भगवान बुद्ध की

> सवारी का उत्सव उसने पाटलिपुत्र में देखा था- "भगवान बुद्ध की मूर्ति को फूलों तथा अन्य सुगंधित द्रव्यों से सजाकर रथ में रखा गया था। साथ में गायन व नृत्य द्वारा संगीत का आयोजन चल रहा था"

निम्न सभी संकेत नृत्यकला के विकसित होने के सूचक तथा प्रमाण हैं।

11. हर्षवर्धन युग :

606 से 647 ई. तक हर्षवर्धन ने भारतवर्ष पर राज किया। गुप्त काल की भांति इस युग में भी क्रमशः नृत्य की प्रगति हुयी थी। हर्षवर्धन स्वयं एक उच्चकोटि का संगीतज्ञ था तथा "नागानन्द", "प्रियदर्शिका" तथा "रत्नावली" नामक नाटकों का रचियेता था। हर्ष ने अनेक कवियों को राजाश्रय प्रदान किया था।

बाणभट्ट ने "हर्षचरित" तथा "कादम्बरी" नामक दो गद्य काव्यों की रचना की। हर्षवर्धन युग में चीनी यात्री ह्वेंनसांग भारत आया जिससे इस युग में संगीत तथा नृत्य के उन्नत होने का वर्णन किया है।

12. राजपूत काल :

गुप्त एवं वर्धन काल के पश्चात् 647 ई. से 900 ई. तक भारतवर्ष में राजपूतों का राज्य रहा। राजपूत काल में सम्पूर्ण देश अनेक राज्यों में बँट गया तथा राजपूत अपनी शान-बान की रक्षा के लिये निरन्तर आपस में युद्ध करते रहे। अतः नृत्य कला का ह्रास भी हुआ क्योंकि प्रजा में उपस्थित कलाकारों में भी अहम् तथा अपनी कला को छुपाने की प्रवृत्ति घर कर गयी थी। आज जो संगीत में "घरानेदारी" की परम्परा है इसकी नींव राजपूत काल में ही पड़ी थी।

प्रसिद्ध नाटककार भवभूति का "मालती माधव" तथा जयदेव का "गीत-गोविन्द" इस युग में लिखा गया। कृष्ण भक्ति का विशेषतः प्रचलन था।

सोमनाथ के मंदिर में इस काल में हमें चौला देवी नामक नर्तकी का उल्लेख मिलता है।

13. मुस्लिम युग :

राजपूतों के झगड़ों ने देश को विभिन्न खण्डों में विभक्त कर दिया था, तथा विदेशियों को भारत पर अधिकार करने का यह स्वर्ण अवसर प्रतीत हुआ। अतः धीरे-धीरे उन्होंने अपनी जड़ों को भारत में स्थापित कर किया। 1000 से 1290 ई. तक मुस्लिम युग का साम्राज्य पूर्णतः जम चुका था।

फलस्वरूप भारतीय जीवन में मुस्लिम सभ्यता का प्रवेश हुआ जिसकी छाप नृत्य पर पड़ी। मुसलमान दरबारों के श्रृंगारिक तथा भोग विलास के वातावरण में नृत्य का रूप विकृत होने लगा। यह युग भारत में नृत्यकला के लिये दुर्भाग्य बन कर आया, फिर भी यह गौरव का विषय है कि इतनी दुर्दशा के पश्चात् भी इसका अस्तित्व धूमिल नहीं हुआ।

दक्षिण भारत में चोल राजाओं का शासन था। इस संरक्षण में नृत्य तथा कला सम्बन्धी अनेक उपलब्धियाँ प्राप्त होती हैं। इस काल में चिदम्बरम् नामक मन्दिर विशेषरूप से उल्लेखनीय है। इस भव्य मंदिर में नटराज की 108 मूर्तियां नृत्य भंगिमाओं में प्राप्त होती हैं। यहाँ शिव मूर्ति को अर्धनारीश्वर रूप में दर्शाया गया है।

तंजौर का वृहदेश्वर मंदिर चोल राजा राजराजेश्वर ने बनवाया था। सम्पूर्ण मंदिर में आकर्षक मूर्तियाँ बनी हुयी है। यहाँ पर भी 108 नटराज मूर्तियाँ प्राप्त होती हैं जो मद्रास, दिल्ली तथा बम्बई के पुरातत्व संग्रहालयों में संग्रहित है।

इसी प्रकार खजुराहों में भी मंदिरों में इसी प्रकार नृत्यमय प्रतिमायें प्राप्त होती हैं जो कि इस बात का साक्षात् प्रमाण है कि कलाकारों के नृत्य संगीत का अथक प्रयासों तथा राजाश्रयों द्वारा जीवित रखने का भरसक प्रयत्न किया।

14. वैष्णव धर्म :

इस श्रृंखला में वैष्ण धर्म की विशेष रूप से वर्णन करना अनिवार्य प्रतीत होता है क्योंकि नृत्य तथा गायन के क्षेत्र में वैष्णव धर्म के कीर्तनियों का विशेष रूप से योगदान रहा है।

जब सम्पूर्ण देश युद्धों की भीषण अग्नि में जल रहा था, उस समय अष्टछाप कवियों ने कीर्तन एवं नृत्य के माध्यम से देश में संगीतमय सुरसरि को प्रवाहित किया जिसने जन जन के हृदय को पावन कर दिया। कृष्ण भक्ति में सम्पूर्ण देश जय-जयकार कर उठा। आचार्य नंददास, घमण्डदास विष्णुदास तथा अन्य कीर्तन करने वालों ने नृत्य क्षेत्र में रास नृत्य के माध्यम से बहुत बड़ा योगदान दिया है। मंदिरों के संरक्षण में नृत्य को आश्रय मिला।

15. खिलजी युग :

मुस्लिम युग का शासक अलाउद्दीन फ़िरोज खिलजी ने 1296 से 1320 ई. तक राज्य किया था। वह संगीत प्रेमी सम्राट था। संगीताचार्य गोपाल नायक तथा अमीर खुसरो खिलजी दरबार की शोभा बढ़ाते थे।

इस युग में पं. शारंगदेव ने "संगीत रत्नाकर" जैसे अमूल्य ग्रन्थ की रचना की थी। इसका सप्तम अध्याय "नर्तनाध्याय" में नृत्य के मूल तत्वों को विस्तार पूर्वक वर्णित किया गया है।

संगीत नृत्य सम्बन्धी अमूल्य ग्रंथों की निधि हमें खिलजी युग से प्राप्त होती है जो नृत्य के विकास की गाथा गाती है।

16. तुगलग एवं लोदी युग :

सन् 1320 से 1412 ई. तक तुगलक वंश का शासन रहा। मुहम्मद तुगलक संगीत प्रेमी तथा कला पारखी के रूप में विख्यात रहा किन्तु एक वाद सदैव उसके साथ जुड़ा रहा कि उस युग में स्त्रियों को पर्दा करना अनिवार्य था। अतः नृत्यादि कलाओं के विकास में थोड़ा ठहराव आ गया था। इस प्रकार की चर्चा कई इतिहासकारों ने अपने ग्रन्थों में की है।

सन् 1414 से 1526 तक सिकन्दर लोदी का साम्राज्य रहा। वह संगीत के विषय में अधिक ज्ञान नहीं रखता था। यद्यपि समय-समय पर संगीत सम्बंधी रचनात्मक कार्य होते रहे जिसका सबसे बड़ा उदाहरण हैं '

1450 में चितौड़ के राणा कुम्भा द्वारा "संगीतराज" नामक ग्रन्थ की रचना। जिसमें अभिनय भेद, अंग-प्रत्यंग-उपांग भेद, चारी, देशी चारी, मण्डल, करण, अंगहार इत्यादि का विस्तृत विवरण दिया गया है।

17. मुगलकाल :

मुगलकाल का समय 1555 ई. से 1707 ई. तक माना जाता है। इस काल के प्रमुख शासकों में हुँमायू, बाबर, अकबर, जहाँगीर, शाहजहाँ तथा औरंगजेब हुये थे। अन्तिम शासक औरंगजेब को अपवाद स्वरूप छोड़कर अन्य सभी शासक संगीत-प्रेमी तथा कला-प्रिय थे। इनके दरबारों में उच्चकोटि के संगीत रत्न सुशोभित होते थे।

सम्राट शाहजहाँ के युग में "अचल" नामक संगीतिक मेला होता था, इस समय तक नगरों में नाचघर बन चुके थे। लोग मनोरंजन के लिये वहाँ जाया करते थे। नृत्य कला पूरी तरह से गणिकाओं और वेश्याओं के हाथ में चली गयी थी।

दक्षिण भारत में विजयनगर के राजा कृष्णदेव राय ने गणिकाओं के लिये "गणिका नगर" ही बसा दिया था। नृत्य प्रचार के लिये उन्होंने नृत्यशालायें बनवायी। नाच की शिक्षा देने वालों को गाँव तथा जमीनें इत्यादि बाँटी जिससे नृत्य को बढ़ावा मिले। नृत्यशालाओं के खम्भों पर नृत्य करती हुयीं प्रतिमायें खुदवायी। मण्डपों में भारत कृत नाट्यशास्त्र में वर्णित सभी मुद्राओं के चित्र अंकित थे तथा मण्डप के बीचों बीच सोने की नर्तकी की मूर्ति बनवाकर रखवायी।

तत्कालीन नृत्य आज शास्त्रीय नृत्य के रूप में जाने जाते हैं। जिनमें भरतनाट्यम् तथा मोहिनीअट्टम प्रमुख है।

मुगल काल में नृत्य की पवित्रता की समाप्ति हो चली थी तथा उसका स्थान कामोत्तेजक, भावुक, तथा श्रृंगारिक नृत्यों ने ले लिया था।

इसके विपरीत जहाँ एक ओर विलासी नृत्य था वहीं दूसरी तरफ समाज का एक अन्य वर्ग जो भक्ति प्रधान तथा नृत्य को ईश्वर उपासना अपना मुख्य ध्येय बनाये हुये थे, पनप रहा था।

महान संगीत साधक स्वामी हरिदास, तानसेन, बैजूबावरा, गोपाल नायक, सूरदास, तुलसीदास, कबीरदास व मीराबाई इत्यादि ने जो भक्ति, ईश्वर उपासना की पवित्र धारा प्रवाहित की उससे नृत्य कला भी प्रभावित हुये बिना न रह सकी।

धार्मिक वातावरण ने ही नृत्य तथा गायन कला को भारत में पुनः स्थापित किया तथा ऊपर उठाया। धार्मिकता होने के कारण भक्तिरस का समावेश होने लगा तथा नृत्य/संगीत अपनी आध्यात्मिक उत्कृष्टता की ओर विकसित होने लगा।

इन सभी पक्षों के अध्ययन के पश्चात् यह स्पष्ट है कि अनेक विपरीत स्थितियों के बावजूद भी नृत्य कला विकास की ओर अग्रसरित होती रही।

मुगलकाल के पश्चात् नृत्य के क्षेत्र में एक विशेष परिवर्तन हुआ। दक्षिण भारत में तब तक भरतनाट्टयम, दासीअट्टम, कुच्चीपुड़ी, कथकली, यक्षगान शैली पूर्णरूप से प्रचलित थी। पूर्वी भारत में ओडिसी, अंकिया नाट, मणिपुरी नृत्य, प्रचलित हो चुका था। इसी प्रकार उत्तर भारत में कथक नृत्य अपना विशेष स्थान बना चुका था। नृत्य का विकास क्रम एक नई दिशा की ओर से प्रारंभ हो चुका था तथा कुछ विद्वानों के अथक परिश्रम के फलस्वरूप दो नृत्य शाखायें सामने आयीं :-

1. लोक नृत्य 2. शास्त्रीय नृत्य

1. लोक नृत्य

लोक नृत्य का जन्म तो जन-मानस की प्रकृति प्रदत्त सर्जन भावना के साथ ही शुरू हो गया था। लोक नृत्य की जड़े जन सामान्य में बहुत गहरी जमीं हुयीं हैं, जन-जीवन के उल्लास और उसकी भावनाओं का प्रतीक है लोक नृत्य।

लोक नृत्य, दैनिक, घरेलू कामकाज की भाँति अपने विश्राम एवं मनोरंजन में भी किये जाते हैं। जन्म से मृत्यु तक सभी सामाजिक अवसर पर इसका आयोजन होता ही रहता है। चाहे ऋतु परिवर्तन हो या धार्मिक त्यौहार, विवाह अवसर हो या मनोरंजन, यह नृत्य सभी अवसरों से सम्बंधित होते हैं।

लोक नृत्य स्वान्तः सुखाय होते हैं। कोई बनावट या कृत्रिम परिवेश नहीं होता बल्कि भावों की अभिव्यंजना का यह अद्‌भुत माध्यम है।

सम्पूर्ण भारत के प्रत्येक अंचल का अपना लोक नृत्य है। जैसे–गुजरात का गरबा, डांडिया, पंजाब का गिद्धा, भांगड़ा, आसाम का बिहू, ब्रज का रास नृत्य, चरकुला नृत्य आदि।

2. शास्त्रीय नृत्य

जन मानस ने अपनी भावनाओं तथा रूचियों के अनुसार लोक नृत्यों मे विविध रंग भरे, जब शताब्दियों तक यह रंग धुंधले न हुये तो नृत्य विद्वानों ने लोक नृत्यों को परिमार्जित करके शाश्वत नियमों को ग्रहण करके कुछ नृत्यों को सिद्धान्तों की सीमाओं में बाँध दिया, वे नृत्य शास्त्रीय नृत्य कहलाये। तात्पर्य यह है कि लोक नृत्य से ही शास्त्रीय नृत्यों का जन्म हुआ।

शास्त्रीय नृत्य के नाम इस प्रकार हैं:-

1. कथक नृत्य (उत्तर भारत)
2. भरतनाट्‌यम (तमिलनाडु)
3. मणिपुरी (मणिपुर)
4. ओड़िसी (उड़िसा)
5. कथाकली (केरल)
6. मोहिनीअट्‌म (केरल)
7. कुच्चीपुड़ी (आंध्र प्रदेश)
8. सत्रिय (आसाम)

निष्कर्ष :

मानव जन्म से सहस्त्र वर्षों की नृत्य यात्रा का अध्ययन करने के पश्चात् एक प्रमुख तथा सारगर्भित पक्ष हमारे सामने आता है कि –"शारीरिक गति तथा अंग–प्रत्यंग–उपांग के प्रयोग द्वारा जब मनुष्य अपने भावों की अभिव्यक्ति लयबद्ध रूप में प्रकट करता है वह नर्तन क्रिया "नृत्य" कहलाती है।

"परिवर्तन" सृष्टि का नियम है। इसी प्रकार प्रकृति के साथ–साथ नृत्य में भी परिवर्तन होते रहे तथा सिद्धान्तों के बंधन में बंध कर शास्त्रीयता का रूप स्वतः प्राप्त कर लिया।

प्रत्येक युग में नृत्य कला में एक नया आयाम जुड़ा जो कि उसको विकासोन्मुख करने के लिए पर्याप्त था। नृत्य कला ने आज विकास की सृजनात्मक तथा कलात्मक ऊँचाइयों को छुआ है। यह हमारे देश की अमूल्य सांस्कृतिक निधि के रूप में फलीभूत तथा सुरक्षित है।

3

कथक नृत्य का उद्‌भव एवं विकास

"कला और धर्म" दोनों एक दूसरे के पूरक तथा अभिन्न है। इस कथन की पुष्टि भारत की नृत्य परम्परा करती है। नृत्य के विकास क्रम के अध्ययन के पश्चात इसका पूर्णतः मन्दिर, देवता, धर्म आध्यात्म एवं अलौकिक विश्वास से जुड़ा होना दृष्टिगोचर होता है। भारत के सभी शास्त्रीय नृत्यों का सम्बंध धार्मिक प्रवृत्ति से रहा है और यह माना जाता है कि नृत्य एवं संगीत के माध्यम से ईश्वर की प्राप्ति हो सकती है।

नृत्य में समयानुसार सौंदर्य वृद्धि, लालित्य, अंग-विन्यास में प्रवीणता के साथ-साथ मनोभावों की अभिव्यक्ति परिलक्षित होती है। इन गुणों के साथ-साथ भारतीय विद्वानों के दर्शन चिंतन मनन इत्यादि में नृत्य में सृजन-शीलता को व्यापकता तथा ओजस्विता को भी समाहित किया जिसके फलस्वरूप नृत्य शास्त्रीयता की परिधि में सुरक्षित होकर एक नये आकार में परिवर्तित हो गया।

कथक नृत्य उत्तर भारत की देन है और मन्दिरों से जुड़े होने के कारण इस शैली का स्वरूप पूरी तरह धार्मिक माना जाता है तथा इसका विकास भी मन्दिरों मे ही हुआ। कथक का शाब्दिक अर्थ है कथा कहने वाला। 'कथा' शब्द से ही कथक की उत्पत्ति हुयी है।

कथक के उद्‌भव विषय पर विद्वतजनों के विभिन्न मत हैं जिसका हम क्रमानुसार अध्ययन करेंगे। कथक के विकास में न सिर्फ कथा कहने वाले वरन् अनेक समकालीन नृत्यों, सामाजिक परिस्थितियों, तत्कालीन राजाओं एवं जनता की अभिरुचियों का भी समावेश है। कथक नृत्य विशाल, पवित्र गंगा नदी के समान है जिसमें अनेक छोटी-छोटी नदियाँ आकर मिलती है और उसकी जलराशि को बढ़ाकर उसे उसकी मंजिल अर्थात् महासागर से मिलने में सहायता करतीं हैं। शास्त्रीय नृत्यों की श्रृंखला में उत्तर भारत की प्रसिद्ध नृत्य शैली को अपने ही देश में नहीं वरन् सम्पूर्ण विश्व में प्रसिद्धि मिली है वह है - "कथक नृत्य"।

समस्त शास्त्रीय नृत्यों शैलियों में कथक नृत्य का एक विशिष्ट स्थान है क्योंकि इसमें नृत्त तथा नृत्य दोनों पक्षों का अनूठा मिश्रण दृष्टिगोचर होता है।

भगवान् शिव को ताण्डव तथा माता पार्वती को लास्य का अधिष्ठाता माना जाता है। शास्त्रीय परम्परानुसार "ताण्डव" को "नृत्त" तथा लास्य को "नृत्य" रूप में माना जाता है।

"नृत्त" का मुख्य आधार ताल व लय होती है। आचार्य धनंजय ने "नृत्त" की व्याख्या करते हुये कहा है-

"नृत्तं ताललयाश्रयम्"

"नृत्त अभिनय रहित, ताल लय पर आधारित, अंग संचालन द्वारा किया जाता है।" कथक शब्द का अन्य पर्याय है कथा-प्राण अर्थात् वह वर्ग जिसकी प्राण यात्रा कथा से चलती हो। आचार्य बृहस्पति के अनुसार नाट्यवक्ता भी इसी श्रेणी में आते हैं। कथक शब्द का एक अन्य पर्याय है नट अर्थात् जो अकेला ही किसी कथा को सम्पूर्ण पात्रों द्वारा अभिनीत करके दिखाये।

निष्कर्षत: सभी शब्द कोषों, पुस्तकों एवं विद्वजनों के मतानुसार कथक का अर्थ लगभग एक ही मिलता है। सम्भवत: इन तथ्यों का अनुकरण करके नृत्य विद्वानों ने इस नृत्य शैली को "कथक" नाम दे दिया हो। अत: कथक नृत्य अपने नाम के अनुसार तीन मुख्य विशेषताओं को पूरा करने में समर्थ है- "कथा, अभिनय तथा उपदेश"। कथक वह व्यक्ति विशेष है जो लोकोपदेश के लिये अभिनय के माध्यम से कथा प्रस्तुत करे।

श्री कृष्ण की कथाओं को संग्रहीत कर उन पर नृत्य प्रदर्शन कथक का एक पहलू है इस आधार पर "कथक नृत्य" को इस प्रकार भी परिभाषित किया गया है-

क - का अर्थ कृष्ण

थ - का अर्थ ताल में थिरकन

क - का अर्थ कला ।

अर्थात् जिस कला में श्री कृष्ण का भावांकन लयबद्ध हो वह कला का नृत्य "कथक" है।

सारगर्भित परिभाषा :

वह नर्तक जो ताल - अभिनय का कुशल ज्ञात हो, अपने नृत्य की व्याख्या करने में निपुण हो, तथा कथा - नर्तन के द्वारा जन - कल्याण करने में सक्षम हो, उसके द्वारा की गयी नर्तन कला को "कथक नृत्य" कहते हैं।

"कथक" के पर्यायवाची शब्द :

प्राय: कथक नामक प्रचलित शब्द को विभिन्न शब्दकोश के अनुसार "कथिको",

"कहुव" के रूप में प्रयोग किया जाता है।

कुछ नर्तक कथक को "कत्थक" भी कहते हैं।

"कथक" शब्द की क्रमिक प्रयोग परम्परा :

"कथक" शब्द का प्रयोग प्राचीन सभ्यता से चला आ रहा है, किन्तु "कथक नृत्य" का नामकरण लगभग दो सौ वर्षों पूर्व हुआ है। "कथक" शब्द के पारम्परिक प्रयोग से ही "कथक नृत्य" का प्रारम्भ हुआ यह कथन असत्य है तथा विद्वानों द्वारा चर्चा का विषय है। कथक नृत्य के उद्भव तथा विकास से पहले "कथक" शब्द के प्राचीनकाल से हो रहे प्रयोग के बारे में जानकारी अत्यन्त आवश्यक है।

पौराणिक काल के अन्तर्गत रामायण तथा महाभारत युग आते हैं। रामायण में वाल्मिकी ऋषि को "कुशीलव" समुदाय से सम्बंधित बताया गया है। नाट्यशास्त्र में "कुशीलव" का अर्थ सांगीतिक कौशल से परिपूर्ण कुशल वादक के रूप में कहा गया है। ऋषि ने श्री राम के पुत्रों "लव-कुश" को पूरी रामायण को गायन शैली में सिखाया था। अतः यह स्पष्ट होता है कि उस काल में "कुशीलव" समुदाय को कुशल वादक के रूप में जाना जाता था।

सर्वप्रथम "कथक" शब्द का प्रयोग "महाभारत" जैसे महान ग्रन्थ से प्राप्त होता है-

कथकाश्चपरे राजन श्रमणश्च वर्नोकसः।
दिव्याख्यानानि ये चापि पर्णन्त मधुरम् द्विणाः॥

(महाभारत 1/213/3)

अर्थात् वनों में रहने वाले ब्राह्मण और कथक लोग मधुर स्वरों में दिव्य आख्यान (व्याख्या) करते हैं।

महाभारत काल में ही कथक, कुशीलव, नट, शैलूष, भाट, चारण, सूत आदि का उल्लेख तत्कालीन साहित्य में प्राप्त होता है। जिनका सम्बंध गायन तथा वादन विद्याओं में प्राप्त होता है।

(ईसा की तीसरी शताब्दी में भरत कृत नाट्यशास्त्र में कुशीलव के लक्षण दिये गये हैं।)

ईसा से पाँचवी शताब्दी पूर्व पाणिनी के "अष्टाध्यायी" ग्रन्थ में दो नट समुदायों का उल्लेख मिलता है- शिलालि और कृशाश्व, इनके सम्बंध में यह प्रचलित है कि नट जाति की भाँति ये गायन कार्य करके पिष्ट पालन किया करते थे।

ईसा की छठी से आठवीं शताब्दी के मध्य वैष्णव काल माना जाता है। इस काल में नृत्य गायन आदि विद्याओं को मंदिरों में संरक्षण मिला, फलस्वरूप राधा तथा कृष्ण लीलाओं पर आधारित "रास नृत्य" का प्रारम्भ हुआ।

ईसा की सातवीं शताब्दी में बाणभट्ट द्वारा रचित दो महाकाव्यों की रचना "कादम्बरी" एवं "हर्षचरित"। संगीतोपजीवी अनेक जातियों के साथ "कथक" शब्द का उल्लेख "हर्षचरित" में प्राप्त होता है।

कृतोपनयनादिक्रियाकलापस्य ..... लासक युवा ताण्डविकः,
शैलालियुवा शिखण्डकः, नर्तकी हरिणिका, क्षपठाको वीरदेवः,
कथको जायसेनः, ... मनसा महतामुपहास्यताम्॥

(हर्षचरितम्/प्रथम उच्छवासः/प्र. 73-7)

"हर्षचरित" के टीकाकार ने ग्रन्थ में प्राप्त सभी शब्दों की व्याख्या की है। "शैलालि" तथा "नर्तक" को नृत्य प्रसंग में कहा गया है परन्तु "कथको जयसेन" का अर्थ नृत्य संदर्भ में नहीं मिलता।

ईसा की ग्यारहवीं शताब्दी में "मानसोल्लास" नामक ग्रन्थ मिलता है जिसमें एक महत्वपूर्ण अंश प्राप्त होता है-

नर्तकाः पट्-प्रकाशः स्युर्नर्तकी नट नर्तको।
वैतालिकाश्र्चाक्ष्याक्ष्य तथा कोल्लटिका अपि॥

(मानसोल्लासः/नृत्य-विनोद/966-67)

उल्लेखनीय है कि नर्तक के छः प्रकारों में से "कथक" शब्द प्राप्त नहीं होता। इसी ग्रन्थ में "कथक" शब्द "कथक विनोद" में पाया जाता है, जिसका वर्णन "उत्तम चित्र कथक", जो सुमधुर स्वर में षट्पदी का पाठ करता है के रूप में मिलता है। यथा -

गीतं मनोहरं चत्र सा कथा स्याद्यतुर्मुखी।
कठाटि भाषया यस्तु षट्पदीपटनोदितः (पठनोद्यतः)॥
तठाकैः सह यो वनित स चित्रकथको वरः।
गायक्यो (फा) यत्र गायन्ति बिना तलैमनोहरम्॥

(मानसोल्लास/कथा-विनोदः/1425-1427)

इसके पश्चात् 13वीं शताब्दी में प्रसिद्ध ग्रन्थ "संगीत रत्नाकर" में नर्तनाध्याय में एक

स्थान पर सभासन्निवश में "कथक" शब्द प्राप्त होता है। यहाँ विभिन्न विद्याओं के प्रतिष्ठित विद्वानों के साथ सभा में "कथक" व्यक्ति विशेष के होने का उल्लेख है।

ईसा की सत्रहवीं शताब्दी में पं. लोचन कृत "रागतरंगिनी" में "कथक" शब्द का अर्थ कथा कहने वाले के संदर्भ में मिलता है।

रागानेभ्य कथमपि तथा वर्तुलीकृत्यधीमान्।
प्रेम्णा श्रीमन्नरपतिरता लोचन स्वरल्लिलेख॥

इसी क्रम में सन् 1652 ई. में श्री गोकुल भाई जी द्वारा रचित ग्रन्थ "स्वारूपानुभवोच्छत" रासलीला में किसी उत्सव के प्रसंग में गायक, वादक, नायक, नट-नायक, नृत्यकार आदि के साथ वैष्णव गायक के रूप में रामदास पूर्विया कथक का उल्लेख प्राप्त होता है।

इसके पश्चात् सन् 1645-50 के मध्य इलाहाबाद के हण्डिया नामक तहसील के श्री ईश्वरी प्रसाद (जिनको कथक नृत्य के लखनऊ घराने का प्रवर्तक माना जाता है) "कथक" के रूप में प्रसिद्ध हो चुके थे।

सन् 1915 में रचित ग्रन्थ संगीत सुदर्शन, पृ. 174 में कथक नृत्य के संदर्भ में यह प्रसंग मिलता है:-

"हनुमान प्रभुत्ति कई उत्तमोत्तम कथक हो चुके हैं। वर्तमान काल में लखनऊ के बिन्दादीन जी कथकों में सर्वप्रधान है, और यह उन्हीं वृद्ध गुणियों में से हैं इन्होंने अपने भतीजों को अच्छी शिक्षा दी है।"

अर्थात् बिन्दादीन जी ईश्वरी प्रसाद के खानदान से सम्बंधित थे अतः इस समय तक "कथक नृत्य" इस नाम के साथ नृत्य रूप में प्रतिष्ठित हो चुका था।

निष्कर्ष :

पौराणिक काल से ईश्वरी प्रसाद जी तक "कथक" शब्द की प्रयोग परम्परा का मूल्यांकन करने के पश्चात् यह पक्ष सामने आता है कि "कथक" शब्द एक जाति को सम्बोधित करता है। वह जाति नट, चरण, भाट, सूत, शैलालि, शैलूष, कुशाश्व आदि का पर्याय है। उपरोक्त जातियों की भाँति कथक जाति भी जन-समुदाय के मनोरंजन का कार्य करती थी।

काल चक्र के परिवर्तनानुसार ये कथा सुनने के साथ उसमें रोचकता उत्पन्न करने के लिये आवश्यकतानुसार नृत्य और अभिनय भी करने लगे और क्रमशः गायन, कथा और अभिनय एक मिश्रित, नृत्य शैली के रूप में "कथक नृत्य" हमारी समझ आ गया।

कथक के शाब्दिक प्रयोग की प्राचीनता को देखते हुये प्रमाणित होता है कि कथक नृत्य शैली अपने नाम के साथ दो–ढाई सौ वर्ष पूर्व ही प्रचलन में आयी थी या किसी न किसी रूप में समाज से जुड़ी हुयी थी। विभिन्न विद्वानों के इस विषय पर अनेक मत है परन्तु सर्व साधारण मत यही है कि कथक नृत्य समाज में पूर्व काल के नृत्य–रूप में प्रतिष्ठित था।

कथक नृत्य का नामकरण :

कथक नृत्य का नामकरण कब हुआ? यह निश्चित रूप से बता पाना अत्यन्त कठिन है। किसी विद्वान के मतानुसार अयोध्या के नर्तक स्व. रामदास कथिक जी ने रखा तो कुछ के अनुसार किसी अन्य ने। अन्य विद्वान आजकल प्रचलित कथक नृत्य को कथक न मानकर नटवरी नृत्य कहते हैं। इस कथन के विभिन्न प्रमाण मिलते हैं।

1. पं. राजाराम द्विवेदी जी ने अपनी पुस्तक भारतीय नृत्य शिक्षा पाठ्यमाला सशस्त्रम् पृष्ठ 3 पर लिखा है– "हमारी खोज में यह नटवर संज्ञा में प्राप्त होता है। श्री स्व. (जगन्नाथ) अच्छन जी अपने नृत्य को नटवर नृत्य कहते थे।"

2. गुरु श्री विक्रम जे. सिंह जी ने नटवरी नृत्यमाला, प्रथम भाग पृष्ठ 4 में लिखा है– "वर्तमान कथक नृत्य को नटवरी नृत्य का नाम देने की उपज आचार्य स्वर्गीय शम्भू महाराज की है। वह कहा करते थे– "यह नृत्य कथक नृत्य नहीं, नटवरी नृत्य है"।"

3. श्री लक्ष्मी नारायण गर्ग जी ने पुस्तक (कथक नृत्य पृ. 124) पर लिखा है– "अब कथक नृत्य का स्तर बहुत नीचा हो गया था। अतः ठाकुर प्रसाद जी द्वारा इसको "कथक नटवरी नृत्य" नया नाम दिया गया।"

   ("कथक नृत्य" नामकरण होने के पश्चात् भी नृत्याचार्यों ने समय–समय पर इसे "नटवरी नृत्य" कहा है परन्तु तब तक इस नृत्य का नाम "कथक" प्रचलन में आ चुका था तथा "कथक नृत्य" एक शास्त्रीय नृत्य रूप में प्रतिष्ठित हो चुका था।)

कथक नृत्य का उद्भव :

कथक नृत्य का प्रारम्भ आज से लगभग हजारों वर्ष पूर्व हो चुका था, परन्तु इसे सत्य सिद्ध करने के लिये पर्याप्त प्रमाणों का अभाव है। यद्यपि ग्रन्थ, सहित्यों के पठन–पाठन के पश्चात् कुछ ऐसे नृत्यों का उल्लेख प्राप्त होता है जिनकी विषय–सामग्री आज के कथक नृत्य से सम्बंधित प्रतीत होती है। वह नृत्य मुख्यतः नटवरी नृत्य, रास नृत्य है। क्रमशः इन नृत्यों पर एक दृष्टिपात करने के पश्चात् "कथक नृत्य का उद्भव" सम्बन्धी प्रश्न का निराकरण हो सकेगा।

नटवरी नृत्य :

नटवर नागर श्री कृष्ण को नटवरी नृत्य का अधिष्ठाता माना जाता है। पौराणिक काल के द्वापर युग में श्री कृष्ण ने नटवरी नृत्य को सर्वप्रथम किस प्रकार प्रचलित किया इस विषय में अनेक कथायें हमें प्राप्त होती हैं, परन्तु एक कथा को अधिक मान्यता मिली है तथा साहित्यों में भी इसका उल्लेख मिलता है।

बाल्यावस्था में श्री कृष्ण अपने सखाओं के साथ यमुना नदी के किनारे गेंद खेल रहे थे अकस्मात् गेंद यमुना नदी में जा गिरी तो सबके सामने गेंद को निकालने की समस्या का समाधान करते हुये चमत्कारी बालक श्री कृष्ण यमुना में कूद पड़े। नदी में कालिया नाग से युद्ध करके श्री कृष्ण गेंद तथा विजयश्री लेकर तट पर आये तथा कालिया नाग के फनों पर प्रसन्न होकर नृत्य करने लगे, उस समय उनके चरणों से जो बोल प्रकट हुये "ता" "थे" "ई" वही नटवरी नृत्य के मूल वर्ण बन गये। नटवर गिरधारी कृष्ण के नाम से ही इन बोलों द्वारा किये गये नृत्य को "नटवरी नृत्य" कहा जाने लगा। इस घटना का वर्णन अनेक साहित्यों जैसे – "कानून ऐ मौसिकी", "बयान नृत्याध्याय" में प्राप्त होता है।

19वीं शताब्दी के उत्तरार्द्ध में कथक नृत्य के कुछ प्रसिद्ध विद्वान महाराज बिन्दादीन, ठाकुर प्रसाद, सेवालाल, हरिलाल इत्यादि यत्नपूर्वक अपने नृत्य को "नटवरी नृत्य" कहते थे। ठाकुर प्रसाद जी ने एक संदर्भ में लिखा है–

कथक नृत्य में नृत्त पक्ष की आश्चर्यजनिक महत्ता दर्शनीय है। चक्करदार भ्रमरी के तोड़े, परमेलू, के साथ-साथ ततकार के अन्तर्गत किये जाने वाले पल्टे, तिहाईयाँ, लयकारी, जरब इत्यादि "नृत्त पक्ष" के अन्तर्गत आते हैं जो कथक नृत्य शैली की विशिष्टतायें है।

लास्य का रूपक "नृत्य" है। दशरूपक में "नृत्य" का वर्णन इस प्रकार मिलता है:-

"अन्यद् भावाश्रयम् नृत्यम्"

नृत्य भावों पर आधारित होता है, लय ताल के अनुसार जब भावों का प्रदर्शन किया जाता है वह "नृत्य" कहलाता है। नटन भेद में नृत्य को सर्वोच्च स्थान प्राप्त होता है।

"नृत्य" के अन्तर्गत कथक नृत्य में भजन, पद, ठुमरी, गत-भाव, नायिका-भेद, वन्दना, श्लोक इत्यादि पर भाव प्रदर्शित किये जाते हैं जो नृत्य को रोचकता तथा दर्शनीयता प्रदान करते हैं।

तात्पर्य यह है कि नृत्त तथा नृत्य इन दोनों कलाओं को समान रूप से प्रयोग कथक नृत्य में देखने को मिलता है। कठिन लयकारी के साथ-साथ माधुर्य पूर्ण, रसाभिव्यक्ति की सृष्टि करती हुयी ठुमरी पर भाव प्रदर्शन कथक नृत्य की विशेषता तथा विशिष्टता है।

"कथक" का शाब्दिक अर्थ :

सामान्यत: "कथक का अर्थ कथा कहे सो कथक कहावे" से लिया जाता है, जो किसी निश्चित सीमा तक सत्य भी है। "कथक" का प्रयोग हमें प्राचीन युग से कथा कहने वाले के रूप में ही प्राप्त होता है।

(1) "कथक" शब्द संस्कृत की दशम् गण की "कथ्" धातु से उत्पन्न हुआ है।

"पुराण संदर्भ कोश" में कथक का अर्थ अभिनेता तथा कहानी सुनाने वाला कहा गया है।

"तुलसी शब्द सागर" में- कथा कहने वाला, एक जाति जिसका काम गाना, बजाना और नाचना है।

मानक हिन्दी कोष में कथक का अर्थ- कथा सुनाने वाला प्राचीन रंगमंच में वह नट या पात्र जो आरम्भ में नाटक की पूरी कथा सुनाता है, एक आधुनिक जाति जो प्राय: वैश्याओं आदि को गाना व नाच सिखाने का काम करती है, एक विशेष प्रकार का नृत्य जिसकी कला का विकास मुख्यत: उस जाति का है, सूत्रधार।

हिन्दी शब्द सागर (भाग-2) में कथक का अर्थ इस प्रकार का मिलता है- एक जाति जिसका काम गाना, बजाना, नाचना है, नृत्य की एक शैली कथक संस्कृत शब्द कथावाचक शब्द का लघु रूप है। पौराणिक कथाओं को गाने, हाव-भाव तथा नृत्य के माध्यम से लोकरंजन रूप में प्रस्तुत करने वाले कथा वाचकों का क्रमश: एक वर्ग बन गया जो कालान्तर में एक जाति के रूप में पहचाना जाने लगा।

"भुवि भारत में हरि नचे नटवर नर्तन लास,
सोई मैं नाच रहो ब्रज में हरि के पास।
ताण्डव विधि की गति भरी लास्य अंग के भाव,
नटवर नर्तन नाम धरि नाचहुँ सहज स्वभाव॥"

आज भी "नटवरी नर्तक" नृत्य करके अपनी जीविका चलाते हैं जिसमें पैरों में घुंघरू बांधकर धार्मिक कथाओं का नृत्यांकन प्रस्तुत करते हैं तथा बीच-बीच में ता थे ई नटवरी के मूल वर्णों से बने तोड़ इत्यादि को दुगुन, चौगुन लय में करते हैं तथा फिर कथा की दिशा में पुन: लौट आते हैं।

रास नृत्य :

ईसा की 15वीं शताब्दी से पूर्व वैष्णव धर्म का अभ्युदय हो चुका था। साथ ही देश में इस्लामी सभ्यता की जड़े भी गहरी हो चुकी थी। सर्वत्र युद्ध के जयघोष, भीषण रक्तपात फैला हुआ था ऐसे में वैष्णव धर्म के श्री कृष्ण भक्ति संगीत, साहित्य तथा काव्य ने गर्म तपते वातावरण में जल वर्षा का कार्य किया। देशभर के गायक, नर्तक, इत्यादि मुख्यत: दो विभागों में विभक्त हो गये थे एक वह जो युद्ध में सेनाओं का मनोबल बढ़ाने के लिये युद्ध में साथ जाते तथा दूसरे वह जिन्होंने युद्ध इत्यादि के भय तथा पिष्टपालन हेतु अपने पैतृक स्थानों को छोड़कर मंदिरों में शरण ली। वे गायक, नर्तक कीर्तन करके प्रभु भक्ति में समय व्यतीत करने लगे जो सम्भवत: अष्टछाप कवियों तथा वैष्णव धर्म के कीर्तनियों के रूप में परिवर्तित हो विख्यात हुये। इनके द्वारा गाये हुये पदों को नर्तकों ने अपना लिया तथा वहीं से "रास नृत्य" का आरम्भ हुआ।

स्वामी सूरदास, परमानन्ददास, कुंभनदास, कृष्णदास, नंददास, चतुर्भुजदास, गोविन्ददास तथा छीतस्वामी प्रमुख कीर्तनियों ने "रास नृत्य" को प्रचलित किया। नित्य रास का वर्णन इस प्रकार है:-

नित्य रास लीला के अन्तर्गत रास के आरम्भ का उपक्रम, स्तुति मंगलाचरण एवं आरती, सखी पीरकर द्वारा प्रशस्तिगान, रास आरम्भ के लिये प्रार्थना करना इस सबके पश्चात् रास नृत्य की एकल, युगल तथा सामूहिक रूप में प्रस्तुति की जाती है। नित्य रास में भगवान कृष्ण, राधा व सखी परिकर के साथ सिंहासन पर विराजमान होते हैं, उस समय समाजी (मुख्य गायक) वंदना के भक्ति रस पूर्ण पद गाते हैं फिर मुख्य समाजी ध्रुपद गायन किया करते थे। तदोपरान्त सखियों द्वारा प्रियाप्रियतम की आरती की जाती है और रास मंडल में पधारने के लिये प्रार्थना की जाती हैं। कृष्ण, राधा के साथ नृत्य के लिये पधारते हैं पहले सामूहिक नृत्य का आयोजन होता है तत्पश्चात् पृथक नृत्य किया जाता है नित्य रास के पश्चात् समाजी (सूत्रधार) पद गायन द्वारा पुन: उस दिन प्रदर्शित की जाने वाली लीला की भूमिका के रूप में पदगायन करते हैं और श्री कृष्ण की कोई एक लीला मंच पर गद्य संवादों तथा नृत्य के गायन माध्यम से प्रस्तुत की जाती है यथा माखनचोरी, कालियादमन, पूतनावध इत्यादि। लीला समाप्त होने पर पुन: आरती होती है। इस प्रकार रास लीला का आयोजन पूर्ण होता है।

कीर्तन स्वामी हरिव्यास जी के प्रचलित पद पर

रास नृत्यरास में रसभरी रसिकानी जू गावैं
सरि ग म प ध नि च नि ग म प ध नी न न न

न न न न न अ न आन अन सुगति उपजातैं
ग्रि ग इ दा त त त त त थैई य त त
बहुत गति भेद जुत परनि समझावैं
द्रमुकि द्रं द्रं द्रनन द्रनन द्रुं द्रुं टुमकि मृदंग
श्री हरिप्रिया सहचरि बजावे। (1)

स्वामी कुभनदास जी द्वारा रचित प्रचिलित रास-पद-

रास में गोपाल लाल, नाच मिली भमिनी
अंस-अंस भुजनि मेलि, मण्डल मीघ करत मेलि
कनक बेलि मनु तमाल, स्याम संग स्वामिनी
उरत तरप लांग डाट ग्र ग्र ता तन थेई थेई थाट
सुधर सरस राग तैनरी ऐ सरद जामिनी
कुभंनदास प्रभु गिरिधर नत्वर वेष भेष धरे
निरखि निरखि लज्जित कोटि काम कामिनी।

निम्न पद में कुछ शब्द जैसे उरप, तिरप लॉग, डाट, नटवर आदि का प्रयोग हुआ है। एक बात महत्वपूर्ण है कि रास नृत्य में समाजी (सूत्रधार) के गायन के मध्य कुछ "बोलो" मिश्रित ललित की भाँति क्रमशः दुगुन तथा चौगुन लय तक नृत्य किया जाता है, जिसे रास नृत्य का "नृत्त भाग" कहा जा सकता है यथा:-

"नाचत रास में लाल बिहारी, नचवत है ब्रज की सब नारी।
तादीम तादीम तत तत थेई थेई, थुंगन लेत गति न्यारी।।"

"रास नृत्य" आज भी प्रचलन में है तथा ब्रज क्षेत्र का सर्वाधिक प्रचलित लोक नृत्य के रूप में प्रतिष्ठित है।

कथक नृत्य का नटवरी तथा रास नृत्य से तुलनात्मक अध्ययन:-

नटवरी नृत्य तथा रास नृत्य की सम्पूर्ण जानकारी लेने के पश्चात् कथक नृत्य के उद्भव सम्बंधी प्रश्न के समाधान के लिये इन नृत्यों की कथक नृत्य से तुलना आवश्यक ही नहीं वरन् अनिवार्य हो जाती है।

नटवरी नृत्य तथा कथक नृत्य :-

नटवरी नृत्य के मूल वर्ण है "ता", "थे", "ई" है जो कि कथक नृत्य के भी मूल तत्व

माने जाते हैं। इन बोलों द्वारा निर्मित तोड़े या टुकड़े को "नटवरी तोड़ा" कहा जाता है। नटवरी तोड़ा का प्रदर्शन के समय नृत्य-वस्तु में सम्मिलित किया जाता है।

नटवरी नृत्य का तोड़ा:-

तततत x	थेई	तिग्दादिगदिग	थेई	
ताऽथेई 2	तत थेई	आऽथेई	ततथेई	
थेईत थे 0	ईत थेई	थेई थेई	तततत	
थेई 3	तततत	थेई	तततत	ता x

नटवरी नृत्य में कवित्त, छन्दों का प्रयोग किया जाता है, तथा कथक नृत्य में भी कवित्त तथा छन्दों पर भावाभिनय किया जाता है।

निष्कर्षत: यह ज्ञात होता है कि नटवरी नृत्य की नृत्य वस्तु का प्रयोग कथक नृत्य में होता है। सम्भवत: परिमार्जित होकर नटवरी नृत्य ही कथक नृत्य बना हो परन्तु यह प्रमाण प्राप्त नहीं होते। "नटवरी तोड़े" तथा कवित्त एवं छन्दों पर या श्री कृष्ण की जीवन घटनाओं पर भावांकन करना वर्तमान में प्रचलित कथक नृत्य का अभिन्न अंग है। अत: यह सिद्ध होता है कि नटवरी नृत्य तथा कथक नृत्य की नृत्य वस्तु में लगभग समानता है।

रास नृत्य तथा कथक नृत्य :-

रास नृत्य में उरप, तिरप, सुलप आदि का प्रयोग किया जाता है। इनका सम्बन्ध चालों से है, तिरछी चाल इत्यादि जो कि कथक नृत्य में भी किया जाता है।

रास नृत्य में कृष्ण लीलाओं तथा उनके जीवन में घटित घटनाओं को नृत्य में पिरो कर प्रस्तुत किया जाता है। इसी प्रकार कथक नृत्य में माखनचोरी, कालिया दमन, द्रौपदी चीर हरण, होली नृत्य, रास नृत्य इत्यादि पर भजन, ठुमरी, गतभाव, होरी, इत्यादि के माध्यम से श्री कृष्ण कथायें प्रदर्शित की जाती हैं।

अष्टछाप कवियों द्वारा रचित पदों पर भाव प्रदर्शन कथक रास दोनों ही नृत्यों में प्रदर्शित किया जाता है।

रास नृत्य की समस्त नृत्य वस्तु का प्रयोग कथक नृत्य प्रदर्शन में किया जाता है। इस प्रकार रास तथा कथक नृत्य में अनेक समानतायें हैं। (**चित्र : 4.2**)

कथक नृत्य का विकास :-

ऐतिहासिक पृष्ठभूमि पर आधारित श्री कृष्ण भगवान तथा नटराज शंकर से अद्‌भुत

कथक नृत्य पूर्णतः धर्म का अभिन्न बन गया तथा अन्य ललित कलाओं एवं संगीत की भांति मंदिरों तक ही सीमित रहा। इन कलाओं में आध्यात्म तथा परब्रह्म के दर्शन होते थे। धर्म से सम्बद्ध होकर अपनी कला को देवताओं को समर्पित करना मोक्ष प्राप्ति का साधन माना जाता था। यह क्रम वैदिक काल से प्रारम्भ होकर इस्लामी सभ्यता के प्रवेश तक प्रचलित रहा।

"कथक नृत्य" नट, कुशीलव, चारण, भाट, सूत, मागध, कथकों, गायक, कीर्तनियें, संत आदि से गुजरता हुआ रास नृत्य तक किस प्रकार प्रतिष्ठित हुआ इसकी सम्पूर्ण जानकारी "कथक नृत्य" के उद्‌देश्य शीर्षक द्वारा की जा चुकी है। पुनरावृत्ति के भय से अब कथक नृत्य की विकास यात्रा मुस्लिम शासकों के आगमन से करेंगे।

सन् 1296 में अलाउद्‌दीन का शासन था। उनके संगीत प्रेमी होने का वर्णन साहित्यों में प्राप्त होता है। दक्षिण भारत के गोपाल नायक तथा प्रसिद्ध गायक हजरत अमीर खुसरो उनके दरबार की शोभा बढ़ाते थे।

सिकन्दर लोदी का रूझान संगीत, नृत्य की अपेक्षा युद्ध में अधिक था परन्तु उसके दरबार में संगीतज्ञ नर्तक सुशोभित होते थे।

सन् 1500 ई. में मुगल शासक बाबर हिन्दुस्तान आया था उसने धीरे-धीरे अपनी जड़े यहीं जमा ली थी। सन् 1550 से 1605 तक अकबर सम्राट गद्‌दीनशीन रहे। इनके दरबार में संगीतज्ञों तथा नर्तकों का समुचित सम्मान तथा उन्नित हुयी। नृत्य की अपेक्षा संगीत का प्रचलन अधिक उन्नत हुआ। ढांढा-ढांढी नर्तकों का उल्लेख इस समय से प्राप्त होता है। नर्तक युद्ध में योद्धाओं के उत्साहवर्धन के लिये नृत्य करते थे। अकबर के दरबार में प्रसिद्ध नृत्याचार्य श्री बल्लभ जी का विशेष उल्लेख मिलता है। कथक समुदायों ने अपनी कला में निजी शैलियों का विकास इसी काल से प्रारम्भ किया। यह कला पीढ़ी दर पीढ़ी नर्तकों को प्राप्त होती रही। संक्षेप में यह बताना अनिवार्य है कि काव्य साहित्य का "भक्ति काल" अकबर के समकालीन था तथा रास नृत्य, कीर्तनों का प्रचलन इस युग में बहुत उन्नत हुआ। सूर, तुलसी, स्वामी हरिदास, मीरा, बैजू बावरा इत्यादि के भक्ति काव्य से सम्पूर्ण देश गुंजायमान हो उठा। रास पदों में ता थेई, त्रिकिट, तत थेई, तथुंगा, द्रदुम इत्यादि शुद्ध बोलों का प्रयोग हुआ। संक्षेप में मंदिरों तथा भक्तिभाव ने सभी कलाओं को नया आयाम दिया।

सन् 1605 में जहाँगीर की ताजपोशी हुयी। जहाँगीर स्वयं संगीत तथा नृत्य प्रेमी थे, उनकी बेगम नूरजहाँ की कलाप्रियता विश्वविख्यात थी। उनके दरबार में प्रायः नित्य ही संगीत नृत्य के कार्यक्रम होते थे।

सन् 1628 में शाहजहाँ का शासन प्रारम्भ हुआ। इस कला पर मुस्लिम सभ्यता की छाप स्पष्ट झलकने लगी थी। वेश्याओं ने नृत्य को सीख कर इसका व्यवसायीकरण कर दिया तथा नृत्य का हास प्रारंभ हो गया। जिन श्रृंगारिक भावों को सम्राट देखना पसन्द करते नर्तकियाँ उन्हीं अदाओं, नाज-नखरों को अपने नृत्य में सम्मिलित करती चली गयीं, फलस्वरूप नृत्य का पतन होने लगा।

औरंगजेब के काल में संगीत- नृत्य का अत्यधिक उल्लेख प्राप्त नहीं होता वरन् समकालीन मराठों के दरबार में संगीत महफिलों का उल्लेख मिलता है। "मस्तानी" नामक नर्तकी का नृत्य में दक्ष होना प्राप्त होता है। वहीं धीरे-धीरे मुगल साम्राज्य का पतन होता गया।

17वीं शताब्दी में दिल्ली में मुहम्मद शाह रंगीले ने शासन सम्भाला। मुसलमान शासक ललित कलाओं तथा संगीत प्रेमी होने के साथ-साथ विलासी तथा श्रृंगारिकता पसन्द होते थे। इसी काल को काव्य साहित्य में "रीतिकाल" कहा गया है। इस काल के कवियों ने श्रृंगार रस तथा नायिका सम्बन्धी अनेक काव्य रचनाओं का निर्माण किया । रस ग्रंथ में श्रृंगार रस का बहुलता से प्रयोग किया है, जिसकी स्पष्ट छाप तत्कालीन कथक नृत्य में दिखाई देती है। कथक नृत्य में पहले कविता पढ़कर फिर उसका भाव प्रदर्शित किया जाता है और अधिकतर उसके नायक नायिका राधा तथा कृष्ण ही रहते हैं। इस क्षेत्र में जिन कविताओं का प्रयोग किया गया है उसका प्रतिपाध उन्हीं कविताओं से ग्रहण किया गया है। विस्तार भय से केवल एक उदाहरण दिया जा रहा है - रीतिकाव्य को कथक नृत्य का आधार स्पष्ट रूप से स्वीकार किया गया है। कथक नर्तक नर्तकियों के सामने "भाव बताने" के लिये प्रवत्स्यत्पतिका, खण्डिता आदि नायिकाओं से सम्बंधित पंक्तियाँ दी जाती हैं। रीतिकालीन कवित्त, सवैये कथक नृत्य के प्रमुख व अत्यन्त लोकप्रिय अंग हैं व इस युग के कथक नृत्य की स्वरूप रचना में इनका प्रबल योगदान रहा है। रीतिकालीन कविता और तद्युगीन कथक नृत्य में से किसने किसे प्रभावित किया या प्रेरणा दी- इसका निर्णय कर पाना कठिन है।

इस शताब्दी तक कथक नृत्य का जनसमुदाय के बीच अपना एक विशिष्ट स्थान बन चुका था। अवध एक स्वतंत्र राज्य घोषित हो चुका था। अवध की नवाबी सल्तनत का प्रारम्भ सन् 1722 से नवाब सआदत अली खां बुरहानुमुल्लक से हुआ। तत्पश्चात् नवाब सफदरजंग नवाब शुजाउद्दौला ने शासन किया इस समय तक अवध राजधानी लखनऊ संगीत तथा नृत्य की केन्द्रस्थली बन चुकी थी।

सन् 1775 में नवाब आसिफुद्दौला अवध सूबे के नवाब रहे। इनके युग से कथक नृत्य पूरी तरह से अपनी पहचान बना चुका था तथा इसका अस्तित्व पृथक रूप से व्यवस्थित हो चुका था। नवाब आसिफुद्दौला की कला प्रियता तथा विभिन्न कलाओं के गुणीजनों का अपने दरबार में सम्मान अत्यन्त प्रसिद्ध था कहा जाता है कि नवाब साहब ने अयोध्या के

कथक नर्तक खुशी महाराज को अपने दरबार में प्रमुख नर्तक पद पर आसीन किया। इनकी नृत्य प्रियता के विषय में सुनकर इलाहाबाद के हंडिया तहसील के प्रख्यात कथक नर्तक श्री प्रकाश जी सपरिवार लखनऊ आये तथा नवाब द्वारा शाही नर्तक मनोनीत किये गये। उसी समय के हल्लाल जी तथा दयाल जी नामक दो कथक नर्तकों का उल्लेख भी प्राप्त होता है। कालान्तर में प्रकाश के पुत्र दुर्गा प्रसाद तथा ठाकुर प्रसाद प्रसिद्ध नर्तक के रूप में प्रसिद्ध हुये।

कथक नृत्य "लखनऊ घराने" के प्रतिष्ठाता श्री ईश्वरी प्रसाद जी को माना जाता है जो प्रकाश जी के पूर्वज थे।

सन् 1847 में नवाब वाजिद अली शाह जिन्हें कथक नृत्य का नवरूप सृष्टा भी कहा जाता है आसनारूढ़ हुये। नवाब स्वयं कुशल नर्तक, गायक, कवि, श्रेष्ठ साहित्यकार नृत्य निर्देशक थे। इनकी कथक के क्षेत्र में जितनी भी प्रशंसा की जाये कम है। इन्हीं ने दुर्गा प्रसाद जी से गंडा बंधवाकर नृत्य शिक्षा प्राप्त की। "रास नृत्य" को "रहस" द्वारा प्रदर्शित कर जनता में प्रचलित किया। इसी युग में कथक नृत्य के साथ मुसलमान भांड तथा नक्काल इत्यादि भी जुड़ गये। नवाब ने स्वयं 40 पुस्तकों की रचना की। इसमें कथक नृत्य से सम्बंधित "नाजों" तथा "बनी" है इनमें मुख्य रूप से "गत" का उल्लेख भी मिलता है।

कथक नृत्य में नाट्यप्रयोग सर्वप्रथम नवाब वाजिद अली शाह ने "इन्दरसभा" के माध्यम से किया था। ठुमरी के प्रचलन के साथ-साथ दादरा, ग़ज़ल आदि को भी जनप्रिय बनाया। कहने का तात्पर्य यह है कि कथक को लोकप्रिय बनाने में नवाब वाजिद अली शाह ने अकथनीय भूमिका निभाई है।

दुर्भाग्यवश नवाब साहब के नृत्य संगीत आदि कलाओं में डूबे रहने के कारण अंग्रेजों ने शासन की बागडोर अपने हाथों में ले ली। इसके पश्चात् कथक नृत्य के विकास क्रम में कुछ समय के लिये ठहराव आ गया। परन्तु जितना कुछ प्रचलित था वही परम्परा स्वरूप होता आया।

मैडम मेनका तथा राजा चक्रधर सिंह के साथ-साथ अनेक कथक समुदाय के लोगों के सराहनीय कृत्यों द्वारा कथक नृत्य को एक नया स्वरूप मिला।

कथक नृत्य के उद्भव सम्बंधी अनेक प्रश्नों का उत्तर हमें पूर्व किये गये अध्ययन द्वारा प्राप्त होता है कि "कथक" शब्द और "कथक नृत्य" में किस प्रकार धीरे-धीरे सम्बन्ध स्थापित हुआ और शास्त्रीय नृत्य के रूप में परिवर्तित होता चला गया।

सामान्यत: तो कथक नृत्य का उद्भव जन-सामान्य में से ही विकसित एवं पल्लवित हुआ है, या यूँ कहें कि लोक नृत्यों में से ही उपजा है परन्तु कथक शब्द की सार्थकता को मौलिक

रूप देता हुआ कथक नृत्य जन समुदाय में ही प्रचलित हुआ यह सर्वमान्य है। इसका मुख्य उद्देश्य कथा के माध्यम से लोगों को हितोपदेश देना है जिस उद्देश्य को यह नृत्य पूरा करने में सक्षम भी है।

कथक नृत्य की कथा वस्तु में धार्मिकता की झलक लिये श्री कृष्ण की दंत कथाओं के भावांकन के साथ ही चमत्कारिक पदाघातों द्वारा की गयी लयकारी तथा भ्रमरियों से ओतप्रोत चक्करदार तोड़े इत्यादि इस नृत्य में रोचकता तथा दर्शनीयता को जन्म दे देते हैं।

कथक नृत्य ने वैदिक से इस्लामी सभ्यता तक की लंबी यात्रा तय की है। रास नृत्य, नटवरी नृत्य तथा अन्य नृत्यों की झलक तथा सामग्रियों को एकत्रित करता "कथक नृत्य" आज वर्तमान युग में समस्त विश्व में प्रचारित एवं प्रसारित हो चुका है।

मध्यकाल में हुये पतन के बावजूद अथक परिश्रम तथा प्रयासों द्वारा इसे आज पुनः सामाजिक मान्यता मिली है। कथक को लोग मात्र नाच, पतुरियों का नाच या वेश्याओं का नाच कहकर सम्बोधित करते थे परन्तु आज इसका स्वरूप ही बदला हुआ हैं।

सात आठ दशक पहले कुछ कथक नर्तकों ने कथक को पुनः स्थापित कराया तथा जनसमुदाय के मध्य इसके मुख्य उद्देश्य की ओर इंगित कराया। फलस्वरूप आज कथक का स्वरूप जन-जन में प्रसारित हो चुका है तथा समाज इसकी विशिष्टताओं से भली-भाँति परिचित है।

4

कथक नृत्य में ताल पक्ष एवं भाव पक्ष

ताल

ताल–लय जीवन के ऐसे आधारभूत तत्व है जो केवल संगीत ही नहीं वरन् जीवन और प्रकृति को भी प्रभावित करते हैं। ताल और लय एक दूसरे से जुड़े हुये हैं। गूढ–विचार करने पर ज्ञात होता है कि संगीत में ताल और लय इस प्रकार आपस में मिले हुये हैं कि उनको अलग करना असम्भव हो जाता है। सर्वप्रथम "ताल" शब्द का अर्थ जानना आवश्यक है।

"ताल" शब्द की उत्पत्ति ताली से हुयी है ऐसा कहा जाता है।

"ताल" किसी समय को नापने की क्रिया ताल कहलाती है, जिसका निर्माण विभिन्न मात्राओं को जोड़ने से होता है।

–"कथक नृत्य", डॉ. लक्ष्मी नारायण गर्ग

ताल का स्वरूप स्पंदन है। संसार में सारी शक्तियां स्पन्दन रूप में अवस्थित है इसलिये कहा गया है कि ताल शब्द का वास्तविक अर्थ शिव–शक्ति है :-

तकार : शंकर : प्रोक्तोलकार : पार्वती स्मृता।
शिव शक्ति समायोगात् ताल इत्यभिधीयते॥

अर्थात् शिवजी ने 'त' (ताण्डव) कहा और पार्वती ने 'ल' (लास्य) का स्मरण किया। इस प्रकार शिव और शक्ति के समयोग रूप ही ताल शब्द जाना जाता है।

–कथक नृत्य शिक्षा भाग–II, डॉ. पुरू दाधीच

ताल की उत्पत्ति 'छन्द' से हुयी है क्योंकि कविता, काव्य, श्लोक की रचना के लिये छंद का ज्ञान आवश्यक है। छंद से ही गीत की रचना होती है। गाने के लिये स्वरज्ञान तथा ताल ज्ञान दोनों की ही आवश्यकता है।

श्री सीताराम चतुर्वेदी 'अभिनय नाट्य शास्त्र' में लिखते हैं कि "इससे प्रायः यही माना जाता है कि लौकिक छंदों का आविष्कार महर्षि वाल्मीकि ने ही किया। किन्तु वाल्मीकि रामायण के आधुनिक टीकाकार श्री रामानुज यह नहीं मानते। उनका कहना है कि वाल्मीकि से पहले भी लौकिक छंदों का प्रयोग हुआ करता था। यदि हम वेद को ही सर्वप्राचीन ग्रंथ मान लें तो हमें यह समझने में कोई आपत्ति नहीं होगी कि छन्द का महत्व लोगों ने बहुत पहले समझ लिया और वैदिक ऋषियों ने उसी रूप में मंत्रों के दर्शन भी कर लिये थे।"

यह निश्चित रूप से सर्वमत है कि 'ताल' शब्द मूल रूप से 'तल' अर्थात् (हथेली) से बना है। "ताली" दोनों हाथों द्वारा बजायी जाती है और आज भी ताल को ताली बजाकर बताने का प्रचलन है।

संगीत रत्नाकार में आचार्य शारंगदेव ने कहा है कि– 'तल्' धातु में घञ् प्रत्यय लगाने से ताल शब्द की निष्पत्ति होती है गायन, वादन तथा नृत्य तीनों ताल पर ही आधारित है।

तालस्तल प्रतिष्ठायामिति धातोर्धञ् स्मृतः
गीतं वाद्यं तथा नृत्यं यतस्ताले प्रतिष्ठतम्

ताल के दस प्राण होते हैं जो ताल के स्वरूप को विश्लेषणात्मक रूप में दर्शाते हैं। आचार्य शारंगदेव ने इसका वर्णन किया है–

कालो मार्ग क्रियाइन्गानि ग्रह जाति कला लयः।
यति प्रस्तारकश्चोति ताल प्राणाः दश स्मृता॥

काल, मार्ग, क्रिया, अंग, ग्रह, जाति, कला, लय, यति व प्रस्तार। वर्तमान समय में भारतीय संगीत दो ताल पद्धतियों पर टिका हुआ है–

1– उत्तर भारतीय ताल पद्धति
2– दक्षिण भारतीय ताल पद्धति

कथक नृत्य उत्तर भारतीय ताल पद्धति पर आधारित है। कथक नृत्य में ताल पक्ष के अन्तर्गत पदसंचालन, तत्कार, पल्टे, तिहाई, थाट, आमद, सलामी, टुकड़े, चकदार तोड़े, परनें, गत, नटवरी, परमेलु आदि आते हैं।

भाव

"नृत्य का मुख्य कार्य भावों का प्रदर्शन है"

–आचार्य नंदीकेश्वर

"नृत्य" में "नाट्य" तथा "नृत्त" दोनों ही तत्वों का समावेश होता है। यह सर्वविदित है। मनुष्य ने वाणी की अपेक्षा पहले भावों का प्रयोग किया है। हमारी आंखें, मुखाकृति भाव इत्यादि बिना मुंह खोले ही सब कुछ कहने में सक्षम होते हैं। कथक नृत्य में विशेष रूप से श्लोक, ठुमरी, भजन, कविता, गीत, गज़ल, दादरा, सादरा इत्यादि भाव द्वारा दिखाया जाता है। कथक नृत्य में सात विधियाँ प्रचलित हैं (1) नयन भाव (2) बोल भाव (3) अर्थ भाव (4) सभा भाव (5) नृत्य भाव (6) गर्त अर्थ भाव (7) अंग भाव।

(1) नयन भाव :- अभिनय दर्पण में कहा गया है कि

"नेत्रभ्यां दर्शमेद्भावं"

भावों को नेत्रों के द्वरा दिखाया जाता है। नेत्रों द्वारा व्यक्ति बिना मुंह से एक भी शब्द निकाले सब कुछ कहने में समर्थ है। भौं, पुतलियों के द्वारा नृत्याभिनय किया जाता है। कथक नृत्य में थाट, ठुमरी के अभिनय दोनों में ही नेत्रों का संचालन बहुत महत्वपूर्ण है। अभिनय दर्पण में नेत्र-अभिनय को बताने के लिए दृष्टि-भेद, भ्रू-भेद, भृकुटि-भेदों का सविस्तार वर्णन मिलता है।

(2) बोल भाव :- "बोल भाव" का अर्थ "बोलो" की सार्थकता को सिद्ध करते हुये नृत्य करना है। ठुमरी में एक ही शब्द को अनेक बार पुनर्रावृत्ति करने की प्रथा है और वहीं उसकी विशेषता भी है ठीक उसी प्रकार से उन बोलों की पुनर्रावृत्ति पर भावों को भी बदल कर दिखाना बोल भाव कहलाता है जैसे "बादर घिर आये- जिया घबराये"। इस पंक्ति को नर्तक कई तरह से भाव द्वारा दिखाता है कि बादर घिर के आये तो जिया कैसे घबरायेगा।

(3) अर्थ भाव :- ठुमरी या अन्य किसी काव्य को पढ़कर नर्तक उसके अर्थ को समझकर जब उसी रस के साथ श्रोताओं अथवा दर्शकों तक पहुंचाता है तो वह अर्थभाव कहलाता है। जैसे :- "बादर घिर आये जिया घबराये" इस पंक्ति का अर्थ है कि जब काले-काले बादल घिर कर आते है तो जिया घबरा जाता है। प्रत्येक शब्द को हू-बहू नकल कर दर्शाना ही अर्थ भाव है।

(4) सभा भाव :- नर्तक नृत्य करते-करते सभा के प्रत्येक व्यक्ति से एकाकार स्थापित कर लेता है। दर्शक को यह प्रतीत होता है कि नर्तक उसके लिये या उससे ही पूछ रहा है। नर्तक का यह विशेष गुण होता है कि वह सभा को पृथक न समझकर उसे एकीकृत कर ले और यही उसकी सार्थकता भी है।

(5) नृत्य भाव :- जब नर्तक नृत्य करते-करते स्वयं न रहते हुये उस पात्र या नर्तक का रूप ले लेता है तो नृत्य की गति बढ़ती जाती है और चरम आनन्द का रूप ले लेती है।

जैसे जब भी कोई गीत पर नृत्य किया जाता है तो उसके अंतिम चरण में आकर उसकी लय बढ़ जाती है और ऐसा वातावरण बनता है कि दर्शक भी नाचने लगते हैं यही 'नृत्य भाव' कहलाता है।

(6) गत अर्थ भाव :- कथक नृत्य में नर्तक को यह छूट होती है कि वह किसी कथानक को लेकर पूरी कथा को अभिनीत करे और पात्रों को बदलने के लिये "पल्टे" का सहारा ले। अकेला नर्तक पूरी कथा को दर्शकों को दिखाता है यही गत अर्थ भाव है। जैसे :- माखन चोरी, कालिया मर्दन, मदन-दहन, चीर हरण, अहिल्या उद्धार आदि।

(7) अंग भाव :- ठुमरी के भाव प्रदर्शित करते समय नर्तक अंग-प्रत्यंग और उपांग द्वारा जब अभिनय करने लगते हैं तो अंग भाव कहलाता है।

डॉ. पुरू दाधीच ने पृष्ठ 131 में (कथक नृत्य शिक्षा-।।) लिखा है कि कथक शैली में भाव प्रदर्शन की यह सात विधियाँ है। इनका विवरण विभिन्न ग्रंथों में भी प्राप्त होता है और परम्परा से भी इनकी पुष्टि होती है।

नृत्य कला भाव प्रधान है। 'नृत्त' में जब अभिनय की युक्ति होती है तभी वह नृत्य बनता है। कथक नृत्य में अभिनय का विशिष्ट स्थान है। जिसके मुख्य स्रोत हैं :- वन्दना, श्लोक, ईष्ट-वंदन, भजन, ठुमरी, गज़ल, दादरा, सादरा, होरी, झूला, गत भाव आदि।

ताल तथा भाव ये दोनों ही नर्तक के लिये आवश्यक हैं। एक ओर जहाँ ताल पक्ष नृत्य में चमत्कारिता भरता है तो दूसरी ओर भाव प्रधान नृत्य आध्यात्म की ओर ले जाता है। भावों द्वारा नर्तक दर्शक को वह सब कुछ दिखा सकता हैं। जिसकी कल्पना भी नहीं की जा सकती अर्थात् वह साक्षात ब्रह्म के दर्शन करा सकता है। एक पचास वर्ष का नर्तक कृष्ण की माखन चोरी को इतनी जीवंतता प्रदान कर सकता है कि दर्शक उस नर्तक में कृष्ण के ही दर्शक करने लगते हैं।

5

कथक नृत्य में ठुमरी का स्थान एवं महत्व

'ठुमरी' शब्द का अर्थ इंगित करता है "पैरों की चाल" को। वास्तव में ठुमरी का विस्तार 'नृत्य के साथ गाये जाने वाले गीत' के रूप में हुआ। 'ठुमरी' गायन की वह उपशास्त्रीय विद्या है जो नृत्य गायन दोनों से समान रूप से जुड़ी रही है। ठाकुर जयदेव सिंह का कहना है कि जो ठुमरी गायक इसे बिना अभिनय किये गाते हैं वे कुछ दशक पहले इसे अभिनय के साथ गाते थे। अभिनय नृत्य का अभिन्न अंग है।

अभिनय नाट्य प्रधान गुण है। नाट्य के अभिनय में ताल-लय का अभाव रहता है लेकिन जब लय-ताल अभिनय तीनों एकाकार होते हैं तो वह नृत्य का रूप ले लेता है- अभिनय चार प्रकार का होता है-

आंगिको वाचिकश्चैव आहार्युः सात्विकस्तथा।
ज्ञयेस्त्वाभिनयो विप्राश्चतुर्धा पारिकल्पितः॥9॥

(भरत नाट्यशास्त्र आठवां अध्याय)

(1) आंगिक अभिनय - शारीरिक चेष्टा द्वारा भावों की अभिव्यक्ति

(2) वाचिक अभिनय - वाणी चेष्टा द्वारा भावों की अभिव्यक्ति

(3) आहार्य अभिनय - वेशभूषा द्वारा पात्रों का सजीवीकरण

(4) सात्विक अभिनय - रोमांच, कंपन, स्वेद, मूर्छा, आंसू आदि द्वारा सूक्ष्म एवं सात्विक भावों की अभिव्यक्ति।

नृत्य में अभिनय प्रमुख है तथा गीत या गान का अनुगामी है अभिनय। आचार्य नंदिकेश्वर ने कहा है-

'भावतालयुक्तं गीताभिनय'

कथक का उद्‌भव, विकास और इतिहास की जानकारी के पश्चात् यह निष्कर्ष निकलता

है कि आज का कथक नृत्य श्रृंगार रस प्रधान सुकुमार श्रेणी का नृत्य है। ठुमरी गायन के साथ भावाभिनय की प्रथा प्राचीन है। अतः ठुमरी और कथक नृत्य का संबंध घनिष्ट है विगत दो सौ वर्षों से कथक नृत्य में भाव-प्रदर्शन का मुख्य आधार 'ठुमरी' नामक गीत रहा है। वेश्या, भाँड तथा कथक वर्ग के लोगों का नाच तथा गाने से बहुत पुराना संबंध है। ब्रह्मपुराण, भरतनाट्यशास्त्र, चतुर्भाणी, दशरुपक तथा संगीतरत्नाकर आदि ग्रंथों में इसका प्रमाण मिलता है।

कथक नृत्य के प्रमुख रूप से दो घराने प्रसिद्ध हैं लखनऊ और जयपुर। वर्तमान में बनारस घराना भी स्थापित हो चुका। जयपुर घराना अपने चमत्कारी नृत्य, भजन, पद संचालन में विशिष्ट स्थान रखता है परन्तु लखनवी शैली सौन्दर्यात्मक, मार्धुयता तथा कोमल अंग-भावों के लिये प्रसिद्ध रही है इसी विशेषताओं से आकर्षित होकर जयपुर घराने के अनेक नर्तकों ने महाराज बिंदादीन (लखनऊ घराने के प्रसिद्ध नर्तक) का शिष्यत्व ग्रहण किया जिनमें से स्व. जयलाल और स्व. सुन्दर प्रसाद जी का नाम उल्लेखनीय है। महाराज बिंदादीन, अपने समय के अप्रतिम नर्तक और ठुमरी वाग्गेयकार थे।

संगीतज्ञों की मान्यता है कि पहले महफिलों में अधिकतर वैश्यायें ही भावाभिनय सहित ठुमरी गातीं थीं। ठुमरी का विकास लखनऊ में नृत्य के संगत से ही पनपा क्योंकि ठुमरी और कथक नृत्य यह दोनों ही लखनऊ की विशेषता रही है और ठुमरी यहां के वातावरण में नज़ाकत और नफासत के साथ पली-बढ़ी है। लगभग पूरे उत्तर भारत में इन दोनों का प्रसार एक साथ ही हुआ। कथक नृत्य में अभिनय के अन्तर्गत "भाव बताना" का विस्तृत प्रचलन है विशेष रूप से ठुमरी पर भाव व्यक्त करने को 'अर्थभाव' कहते हैं।

डॉ. एस.के. चौबे के अनुसार ठुमरी में 'बोल' केवल महत्वपूर्ण वस्तु ही नहीं वरन् उसका जीवन व प्राण है। कथक नृत्य में यह पदार्थाभिनय, दो प्रकार से किया जाता है- खड़े होकर और बैठकर। दोनों प्रकारों में आंगिक और वाचिक अभिनय की प्रधानता रहती है। जब नर्तक खड़े होकर नृत्य करता है तो उसमें अभिनय के साथ-साथ नृत्य भी होता है परन्तु खास अभिनय में नर्तक बैठकर भाव बताते हैं और नारी बनने के लिये दुशाला या दुपट्टा ओढ़ लेते हैं। यह सर्वविदित है कि ठुमरी स्त्रियोचित गीतभेद है। इसे तवायफें या नाच गाकर अपना पेट पालने वाली स्त्रियाँ करती थीं-

नृत्य के साथ इसका गान व भाव प्रदर्शन पहले वैश्याओं द्वारा महफिलों में हुआ करता था।

ठुमरी का गान, नृत्य व्यवसायिनी स्त्रियों (तवायफों) से संबंधित है।

संगीत सुदर्शन के लेखक पंडित सुदर्शनाचार्य ने उन्नसवीं शताब्दी के मध्य, सैनी वंश के सुप्रसिद्ध सितार-वादक रहीम सेन के साथ लखनऊ में घटी घटना का उल्लेख किया है,

जिसमें एक संगीत की महफिल में उनके साथ प्रतिस्पर्धा की भावना से एक वैश्या ने "मोरा पिया जोगिया हो गया।" ठुमरी गाते समय भाव प्रदर्शन में स्वाभाविकता लाने के लिये आवेश में अपनी दो सौ रुपये की मूल्यवान जरी की ओढ़नी फाड़ डाली थी जो उस समय बहुत कीमती मानी जाती थी।

तवायफें सभी महफिलों में प्रतिष्ठा पाती थीं और रईस गुणग्राहक उन्हें खास जलसों में गाने के लिए रख लेते थे। अपना बाकी वक्त वे रियाज़ करने में बिताती थी। लखनऊ में ठुमरी और दादरा का जो विकास हुआ और उन्हें जो लोकप्रियता प्राप्त हुई उसके पीछे इन्हीं मुजरों, महफिलों और जलसों का हाथ रहा है। मुजरा देने के लिये प्रसिद्ध गायिकायें गौहरजान और जोहराबाई अक्सर लखनऊ आती थीं और महाराज बिन्दादीन के दर्शन करती थी।

स्व. पं. विष्णु नारायण भातखण्डे जी ने लिखा है कि समूचे उत्तर भारत में अपने समय में गौहरजान ख्याल और ठुमरी की सबसे बड़ी कलाकार थीं।

हसीना, घुम्मन, हुसैनी, खुर्शीद बाई, बन्दीजान, प्यारी, चित्रा देवी, लुफ़्तन, जुहूबाई और अन्य गायिकायें कुशल नर्तकियां भी थीं और बेहतरीन ठुमरी, दादरा, टप्पा और ग़ज़लों की गायिकायें भी।

The list includes mainly certain kathak dancers of Lucknow and banaras Gharanas, who used to dance in accompaniment of Thumri songs, and also such contemporary artists, their main forte being dance, In the second category is enlisted the past and present thumri singers, whose primary activity is singing, but dance with footwork is the secondary one, e.g. Gauhar Jan, Malk Jan of Agra etc. The third group includes those who never indulged in footwork, but used to and at present express the sentiments by means of facial expressions, hand and eye gestures e.g. Janki Bai. Menka Shirodhar etc.

उत्तर भारत की वैश्यायें गान और नृत्य की शिक्षा संगीतजीवी वर्ग के वादकों और कथकों द्वारा प्राप्त करती रही है।

वैश्याओं को ठुमरी के गेयपक्ष की शिक्षा प्रायः गायकों द्वारा दी जाती थी। इसमें स्वरों की सजावट, बोलों का लहजा या कथन (भावपूर्ण उच्चारण) तथा काकु प्रयोग की शिक्षा का भार इन्हीं गायकों पर था। ठुमरी के साथ अभिनय और नृत्य की शिक्षा वैश्याओं को कथक नर्तकों द्वारा दी जाती थी। नृत्य और आंगिकाभिनय के साथ ठुमरी के अर्थ पर भावाभिव्यक्ति की शिक्षा इन कथक नृत्य के आचार्यों पर निर्भर थी। धीरे-धीरे ठुमरी का स्वतंत्र विकास होने पर गायक, वादक और नर्तक इन सभी ने अपने-अपने ढंग से ठुमरी को ग्रहण कर विकसित किया है।

अनेक विद्वानों के मतानुसार यह स्पष्ट हो जाता है कि ठुमरी गायन और कथक नृत्य का अन्र्तसम्बंध घनिष्ट ही नहीं वरन् घनिष्टतम है। नर्तक ठुमरियों को गाकर तथा उस पर अभिनय दिखाकर एक-एक भाव को चित्रकार की भांति महफ़िलों में स्पष्ट करते जाते थे। यह वह समय था जब मुस्लिम शासकों का राज्य था, स्त्रियों का घरों से निकलना शोभनीय नहीं माना जाता था, उस समय इन तवायफ़ों ने ही इस कला को संरक्षित किया क्योंकि वे उच्चकोटि की वाग्गेयकार होने के साथ-साथ नर्तकियाँ भी थीं। कथक के महान गुरुओं का भी योगदान है, कि ठुमरी अपने सभी अंगों में विकसित हुई जैसे बनारस की ठुमरी को राजाश्रय नहीं मिला था वह जनसाधारण की रुचि के अनुसार उसी रूप में ढलती चली गयी। कजली, चैती, होली, सावनी आदि सभी ठुमरी के ही अंग बन गये यही कारण है कि उसमें नवीनता झलकती है। पंजाबी अंग की ठुमरी में पदों के बीच में तानें तथा खटकों का प्रयोग स्पष्ट दृष्टिगोचर होता है क्योंकि यह पंजाबी लोकगीतों से प्रभावित है। पूर्वी अंग तथा पंजाबी अंग की ठुमरियों की अपनी विशेषतायें है जो अपने-अपने स्वरूप को ठुमरी में लालित्य भरकर उसे रंजक बनाती हैं। पूर्वी अंग के अन्तर्गत लखनऊ और बनारस की ठुमरियां आती हैं। लखनऊ अंग की ठुमरियां अधिक प्रभावशाली मानी जाती है क्योंकि इसमें शेरों को कहा जाता है जो ठुमरी को विचारशील बनाती है। बनारस की ठुमरी में लोकगीतों का प्रभाव झलकता है।

कथक नृत्य में नृत्य का सम्पूर्ण रूप 'ठुमरी भाव' के रूप में ही विकसित हुआ है। परम्परागत पदाभिनय को "ठुमरी भाव" का नया परिवेश महाराज बिंदादीन और नवाब वाजिदअली शाह द्वारा प्रदान किया गया। उन्होंने कृष्ण पदों, दादरा के साथ ठुमरी को भी अभिनय का आधार बनाया। ये दोनों ही कुशल गायक और रचनाकार थे। महाराज बिन्दादीन की ठुमरियां आज भी नर्तक करते हैं उन्होंने लगभग 1500 ठुमरियों की रचना की थी।

ठुमरी भाव कथाभिनय की सांकेतिकता व प्रतीकात्मकता का विकास चिन्ह है। इसका अनूठा शिल्प विधान कलाकार की कल्पनाशक्ति की समृद्धि का मानदण्ड तो है ही स्वयं अभिनय कला के सूक्ष्म अभिव्यंजन की चरम परणति भी माना जा सकता है। ठुमरी की एक एक पंक्ति ही नहीं वरन् एक-एक शब्द को लेकर अलग-अलग प्रतीकात्मक मुद्राओं व भाव भंगिमाओं से उन्हें व्यक्त किया जाता है। यह कलाकार की कल्पनाशीलता पर निर्भर करता है कि वह भावों को किन भावों द्वारा दर्शाता है। इनमें सभी रस, अभिनय, भेद-उपभेद, नायिका आदि होते हैं। ठुमरी द्वारा प्रत्येक नायिका को वर्णित करना भी प्रचलन में है। नर्तक कभी-कभी गत भाव का भी सहारा लेता है।

महाराज बिन्दादीन दर्शक सारी रात एक ही ठुमरी पर भाव बताते थे। एक-एक शब्द का ऐसा विस्तार करते थे कि दर्शक अपलक देखते रह जाते। डॉ. पुरु दाधीच लिखते हैं कि स्व. शम्भू महाराज उन्हीं समर्थ कलाकारों में से थे जो एक ही ठुमरी पर सारी सारी रात भाव दिखाया करते थे। उनमें ऐसी अद्‌भुत मेधा थी कि दर्शकों की फरमाईश पर किसी भी भाव या रस को प्रवाहमान ठुमरी के शब्दों को ही आधार बनाकर प्रस्तुत कर देते थे, फिर चाहे उन दोनों में मूल रूप से विरोधाभास ही क्यों न हो। कहा जाता है कि एक बार शम्भू महाराज "काहे मइका छेड़त कन्हैया"-इस प्रसिद्ध ठुमरी पर भाव बता रहे थे कि किसी दर्शक ने उनके आलम्बनों (राधा, कृष्ण सखियाँ) पर असंतोष व्यक्त करते हुये अश्लीलता का अरोप लगाया। इस पर महाराज जी ने कृष्ण, माता यशोदा, भक्तगणों का भगवान के प्रति प्रेम दिखाया और दर्शकों को भक्ति रस में सराबोर कर दिया।

श्री सुदामा प्रसाद दुबे 'क्षितिज' का कथन है, "ठुमरी गायक अपने हृदय-चित्र का चित्रण स्वर-शब्द-तूलिका से चित्रित करने में जितना सफल होता है, वैसा अन्य गायक नहीं"।

"भावाभिनय ठुमरी की सूक्ष्म और मार्मिक शक्ति है। ठुमरी में निहित विभिन्न भावों का सूक्ष्म प्रतिबिंब गायक के शब्दोच्चारण और स्वरोच्चार के साथ-साथ उसके मुखमंडल पर होना ही उसकी भावुकता का द्योतक है।"

ठाकुर जयदेव सिंह का कथन है कि ठुमरी सम्राट भैया गनपतराव अक्सर उनसे कहा करते थे "ठुमरी के जिन भावों को एक नर्तक जैसे हावभाव से अदा करता है, उन्हीं भावों को हम गले से अदा करते हैं।"

As the grace in women in an outward sign of inward harmony of soul, so dance is nothing but an outward expression of inward human feeling. Menifestation of the restrained movement of limbs and a highly concertrated state of mind are no mean achivements, which require unprecedented talent and devotion with years of practice and training under the guidance of an expert.

कथक नृत्य में ठुमरी का विशेष स्थान है वर्तमान में कथक कार्यक्रम ठुमरी के बिना नहीं किया जाता इसका श्रेय कुछ महान कलाकारों को जाता है-

महाराज बिन्दादीन, नवाब वाजिद अलीशाह, गौहर जान, जानकी बाई, मुश्तारी बाई, रसूलन बाई, सिद्धेश्वरी देवी, अख्तारी बेगम, हनुमान प्रसाद, मोहनलाल, चिरंजीव लाल, नारायण प्रसाद, कालका प्रसाद, अच्छन महाराज, शम्भू महाराज, लच्छू महाराज, मैडम मेनका, रोशनआरा बेगम, सुंदर प्रसाद, बिरजू महाराज, सितारा देवी आदि।

महाराज बिन्दादीन

सन् 1830 में बिन्दादीन महाराज का जन्म हुआ था। ठुमरी को अपनाने वाले पुरुष संगीतज्ञों में सर्वप्रथम उस्ताद सादिक अली खाँ और नर्तक महाराज बिन्दादीन थे। उन्होंने ठुमरी गायन सीखकर स्वयं ठुमरियों की रचना की और महफिलों में नृत्य प्रस्तुत करने लगे। उनके नृत्य प्रस्तुति को देखकर श्री अब्दुल हलीम शरर ने 'गुज़िश्ता लखनऊ' में लिखा है कि "वह एक एक चीज़ को सौ-सौ अदाओं, शैलियों, नजाकतों और चित्ताकर्षक संकेतों के माध्यम से प्रकट करता है और उनमें ऐसी नाजुकख्याली और नवीनता होती है कि अगर दर्शक जानता न हो तो समझ भी नहीं सकता।" महाराज बिन्दादीन ने 1500 ठुमरियों की रचना की परन्तु वर्तमान में दो-तीन सौ ठुमरियाँ प्रचलन में है। राधा कृष्ण की भक्ति, प्रेम, छेड़छाड़, नायिका, होली झूला, दादरा, सादरा, ये सभी विषय है बिन्दादीन की ठुमरियों के। बिन्दादीन मूलतः कृष्ण भक्त थे और अपने आराध्य देव की रूप माधुरी और जन्म से लेकर विभिन्न क्रिया कलाप तो उनकी ठुमरियों के विषय थे ही परन्तु अवध निवासी होने के नाते मर्यादा पुरुषोत्तम भगवान राम पर भी उन्होंने ठुमरियों की रचना की विशेष रूप से 'मेरी सुनो राम' तथा "शेष फन डग मगे" आदि।

हिन्दी के सुप्रसिद्ध साहित्यकार श्री केशव चन्द्र वर्मा ने लिखा है कि कथक नर्तक बिन्दादीन पद संचालन दिखाने के बाद किसी विशिष्ट भाव की ठुमरी या दादरा को उठाकर उसे अपनी मुद्राओं से प्रदर्शित करते थे। प्रायः वे रचनायें स्वयं उन्हीं की होती थीं और इनमें राधा-कृष्ण की लीलाओं का उल्लेख रहता था। इन विशिष्ट भावों को जिस प्रवीणता के साथ नवीनीकरण करके वे अदा करते थे वह उनकी कला की चरम उपलब्धि होती थी। वे उस समय अपने साथ अपने तमाम दर्शकों को संगीत के उन सीमातीत क्षेत्रों में ले जाते थे जिसका वर्णन 'गूंगे का गुड़' बन जाता था। आत्मोपलब्धि के वे क्षण न केवल कलाकार बिन्दादीन महाराज को महान बना देते थे वरन् उन समस्त उपस्थित दर्शकों को भी उस उपलब्धि का स्पर्श करा देते थे। कला की यह महानता निश्चित ही अत्यन्त स्वल्प रूप से ही कहीं और दिखेगी।

बिन्दादीन महाराज की रचनात्मक क्षमता ऐसी विलक्षण थी कि इसमें हिन्दी साहित्य का भक्ति काव्य और रीति काव्य एक दूसरे में समाहित होता प्रतीत हाता है सभी रसों का क्रमशः एक के बाद एक सुन्दर समन्वय दिखता है।

बिन्दादीन महाराज की रचनात्मक क्षमता ऐसी विलक्षण थी कि इसमें हिन्दी साहित्य का भक्ति काव्य और रीति काव्य एक दूसरे में समाहित होता प्रतीत होता है सभी रसों का क्रमशः एक के बाद एक सुन्दर समन्वय दिखता है।

बिन्दादीन महाराज की कुछ रचनायें इस प्रकार हैं-

(1)

(ताल रूपक)

निरतत ढंग है .....
बहे पवन मंद सुगन्ध शीतल बंशी बट वट निकट
जमुना वृन्दावन की कुंज गलिन में राधे गोपी उमंग।
संगीत नाचत तगुन थरकित तत्त थै थै तत्ततत थै य।
गोपी कर पर श्याम कर सोहे मनहू बैठे भुजंग॥
॥ निरतत ॥
लय गत दिखावत हाव भाव कटाक्ष सोलह अंग बनावत
गीव डोलत मसक थिरकन चलत ताल ही संग॥
॥ निरतत ॥
अग्र फेरी कवच पलटा फरत तोड़ा और तिहैंयया
तत त थै थे तत तिग्दा दिग दिग चरण धरत उछंग॥
॥ निरतत ॥
तुम नाथ बिन मोहे को उबारे कौन अस जा विपतयरे
बिन्दादीन पे कृपा करो प्रभु व्यापे दुख नहीं अंग॥
॥ निरतत ॥

(2)

(हमीर त्रिताल)

मोह छेड़त मोहन बनवारी।
डगर चलत में देखो देत गारी ॥ मोहे ॥
नटखट नन्द के लाल न माने।
बिन्दा सुनो मैं इन संग हारी ॥ मोहे ॥

(3)

(जोड़ी त्रिताल)

आवें लचक लचक ब्रज नारी।
बेंदी भाल श्रवण कुंडल गले माला।
मुख दामिनी सी दमकत चालें मतवारी।
देखत बिहारी पगपरी गले बाँह डारी।
बिन्दा पर कृपा रहे तेरी गिरधारी।

(4)

(झंपताल)

मेरी सुनो श्याम छोड़ो अंचरवा।
कहा मान ले प्यार हूँ तेरी चेरी।
जानें नहीं देत गराल लंगरवा।
बिन्दा सुनो यह नाहीं मानू श्याम तोरी॥

(5)

(दादरा)

काहे रोकत डगर प्यारे नंदलाल मेरे।
नित ही करत झगड़ा हमसे पनघट नहीं जाने देत।
देख भई नारी मोरी बहिया क्यों गहे रे ॥काहे॥
बिनती करूँ मैं नाहीं वह मानत सुनत नाहीं भाई
छीन लीनो गरे को हार माँगे नहीं देत
बिन्दा देख ढींठ लंगर बरबस मोरी लाज लेत
दूंगी दुहाई अब ही जाई नन्द के दुआरे ॥काहे॥

(6)

डगर चलत देखो श्याम मन लीनो।
मैं तो जात पनिया भरन आवत है उतसे कान्हा
निरखत जिलया गयो लुभाय टोना अस कीनो॥
बाँकी छवि कैसी आली मुकुट शीश धारे।
भृकुटि कुटिल केसर को तिलक भाल दीनो॥
बिन्दा कहत सकल नारी मोहे ब्रज नाथ देख।
भूली कुल जग की लाज मदन अंग मीनो॥

(7)

(त्रिताल)

कान्ह देखो ठाड़ है ब्रज की ओर
कैसे के जाऊँ पनिया भरन मोरी आली
मोरी सरकी चुनरिया छोर।
नित-नित छेड़ करत हमसे, यही डर लागे
जो अपने बस कर मोहे पैये
फिर बिन्दा श्याम बनेंगी पति मोर।

(8)

(जोड़ी त्रिताल)

देखो मुरली बजी बन की ओर।
कैसे के करूँ जिया नहीं माने मोरी आली री,
सब बन के चली वहीं ओर।
सब सखी मोह हैंगि कृष्णा रट लागो।
बिन्दा कहत धन्य-धन्य ब्रज नारी,
निस दिन प्रेम लगी हरी ओर।

(9)

(त्रिताल)

जल जमुना भरन कैसे जाऊ आज।
मंची धूम बजत ढप मृदंग बीन,
खेले नंद के लाल होरी ब्रज में आज।
मुख मीजे मल रोरी अंग देत झकझोरी
गहि गरवा लगाये मुंह चूमे बरजोरी।।
बिन्दा श्याम घेर लिनो सखिन आज।।

(10)

(कहरवा)

जसुदा के लाल खेले होरी धूम मचयोरी।
चोवा चन्दन अतर गुलाब को गलियन बीच मचोरी।
उड़त गुलाल लाल भयो बादर चली रंगी झोरी।
स्याही नील मिलाय तेल में सबके मुख हो मलोरी।
लाख जतन कर छूटत नाहीं भई कारी सब गोरी।
बाजा बजत देव नभ दाये सुमन बरख करि जोरी।
बिन्दा कहत धन्य ब्रज युवती नाचत कृष्णा खड़ोरी।।

(11)

पिया के आवन को सुनत खबरिया।
राह ताकत हूँ मैं नेक नजरिया
तड़पत हूँ मोहे कलना परत है
बिन्दा कहत यूंही बीती उमरिया।

(12)
(चाँचर)

मैं तो खेलूंगी उन्हीं से होरी गुइंया
लेके अबीर गुलाल कुंकुमा
वह तो रंग भरे पिचारी गुइयाँ॥
जाय घेरेयो डगर मोहे जाने दो घर
ऐसी ढीट लंगर नाहीं माने निडर
मोहे गरे लगाये करे जोरी
पैया परोरी बाँह गहोरी।
अब श्याम सुन्दर से रंग मचाये
बिन्दा लाऊँगी गहि बरजोरी॥

(13)
(चाँचर)

कान्ह खेलो कहाँ ऐसी होरी गुइयाँ।
किन रंग में बोरी, मुख मली है रोरी।
राधे पूछत खड़ी कर जोरी॥
तेरी चोटी गुथई, माँग मोती भराई
कर चूरी पन्हाई सारी दीन्हीं ओढायी।
देखो आज बिन्दा श्याम सुन्दर की
खुली है नित की चोरी॥

(14)
(विरह भावः चाँचर)

कासे खेलूं पिया घर नाहीं,
होरी खेलत लाज आवत।
हमसे कहत छिपके चलो सखी,
यही बसी तुमरे मन माही।
कैसे बिन्दा उनके सनमुख हूँ,
जिन नहीं देखी मोरी परछाई।

(15)

(ताल: दादरा)

प्रगटे ब्रज नंदलाल सुख निधनिया।
घुघुवारी अलकें मधु पंकित सोहें कंवलन पर।
लगो चन्द्र काने मनु काहु-सी ग्रहनिया॥
बक्र भृकुटी चपल नैन कोटि कोटि वारूँ नैंन
देखत भई दासी सब जगत मन मोहनियाँ ॥ प्रगटे ॥
घुटरन हरी धावे चहि बाँह पग चलावें।
यही भुजा पग है आली बलि बानि बानी हैनिया ॥ प्रगटे ॥
लीनो है मात गोद बाल कलि कर विनोद
जीयो तुम प्राण मेरे कंस के दहनिया ॥ प्रगटे ॥
यही जगत को उवारो यही हेत अंग धारो
गिरधर गोपाल बिन्दा के पास के हरनिया ॥ प्रगटे ॥

(16)

(ठुमरी : त्रिताल)

काहे तो मेरे घर आये हो
प्रीतम तुम रैन सोहत संग जागे
नैना रतनारे
पैंया न पड़ो अब प्यारे ॥ काहे को ॥
उनही के घर रहो
जावो नहीं बोलो मुझसे
बिन्दा सुनो नहीं यह माने
जिया जारे जारे ॥ काहे को ॥

(17)

झूलत राधे नवल किशोर।
जड़ित मणि दोऊ खम्ब राजत
झोंक देत झकोर।
घेर घन यह रात बादल
घटा उठी घन घोर।
पवन मंद सुगंध-डोलत रस रहे चहूँ ओर ॥ झूलत ॥
इत मुकुट छवी उत चन्द्रिका

इत श्याम उत तन गोर।
मनहू घन पर तड़ित चमकत
देख नाचत मोर॥
व्योम हरि शशि राधिका
सब सखिन उडगन ठोर।
जरि की सारी अंग विराजत
लग्यो मोतिन कोर ॥ झूलत ॥
ब्रह्म शिव सनकादी नारद
करत जय जय शोर।
बिन्दादीन ये कृपा करो प्रभु
माँगे यही कर जोर ॥ झूलत ॥

(18)

जाय कोउ कहां, जाय इतना संदेशवा कोई कहो
जबसे गये मोरी, सुधहूँ न लीनी
बिरहा के बान हमसे ना सहो
बरसन जो बीत दरस बिन
"बिन्दा" बिन मिले श्याम हमसे ना रहो
जाय कोइ कहो।

(19)

श्याम लचक चले मुकुट धरि आवत
श्याम चलक चले मुकुट धरि बाँसुरी
ऐसी बजी सबन के मन को हरि आवत
उगमन झुमक झूम झुक चलि
मधु-मतवारे नैना, नैना
"बिन्दा" कहत काहे-मनको हरि आवत।

नवाब वाजिद अली शाह

लखनऊ की सरज़मी पर 30 जुलाई 1822 को वाजिद अली शाह का जन्म हुआ तथा सन् 1847 में पच्चीस वर्ष की आयु में उन्होंने अवध की बागडोर सम्भाली। इसके पूर्व ही सत्रहवीं, अट्ठारहवीं शताब्दी व उन्नीसवीं शताब्दी के प्रारम्भिक भाग में ठुमरी का चलन प्रारंभ हो चुका था। इसके अलावा सूत्रों से यह भी ज्ञात होता है कि अट्ठारहवीं शताब्दी के अन्तिम भाग व उन्नीसवीं शताब्दी के प्रारम्भ में वैश्याओं द्वारा नृत्याभिनय के साथ ठुमरी गाये

जाने की पुष्टि होती है परन्तु ठुमरी को पल्लवित होने के लिए वातावरण नवाब वाजिद अली शाह के दरबार मे ही मिला। 18वीं शताब्दी के अन्तिम भाग में लखनऊ संगीत और कथक नृत्य का गढ़ बन चुकी थी। ठुमरी गाने तथा सुनने की रुचि तभी से वहाँ की जनता में बढ़ने लगी थी और 19वीं सदी के प्रारम्भ में ठुमरी का आकर्षण बढ़ते बढ़ते अपने चरम पर पहुँच गया था कि उस समय के प्रसिद्ध सितार वादक तथा संगीतज्ञ गुलाम रजा सितार पर ठुमरी की धुने बजाने लगे थे।

संगीत, ग्रन्थकार कैप्टन विलर्ड के सन् 1934 में प्रकाशित, कथन का सार इस प्रकार है- "ठुमरी की विद्या इतनी सजीव और अद्‌भुत है कि उसके श्रवण का आनंद, श्रोता कभी नहीं भूलता। ठुमरी एक ऐसा विषय है कि उसे वर्णन द्वारा अभिव्यक्त करना संभव नहीं; उसके गीतों का चित्ताकर्षक प्रभाव सुनकर ही अनुभव किया जा सकता है।" इन कथन से यह ज्ञात होता है कि वाजिद अली शाह के शासनारूढ़ होने के पूर्व ही लखनऊ में ठुमरी के विकास व प्रसार के लिये अनुकूल वातावरण निर्मित होने लगा था। कुलपति मुंशी के शब्दों में, "अपने समय के संगीत और नृत्य के सबसे बड़े संरक्षक नवाब वाजिद अली शाह स्वयं भी संगीत नृत्य और शायरी की पैठ रखते थे। उनके "परीखाने" की जान ठुमरी थी और ठुमरी के गुणी कलाकार भी उनके संरक्षण में थे।

वाजिद अली शाह एक कलात्मक प्रतिभा सम्पन्न रसिक व्यक्ति ही नहीं अपितु संगीत, काव्य नाट्यादि कलाओं के मर्मज्ञ होने के साथ साथ ललित कलाओं के संरक्षक भी थे। उनका सभी ललित कलाओं पर विशेषाधिकार था और उन्होंने लखनऊ को प्रत्येक कला के मर्मज्ञों से सुशोभित किया। जिसमें घरानेदार गायक, वादक तथा कथक नर्तक भी थे। वाजिद अली शाह ने 'बन्नी' पुस्तक लिखी जिसमें सोलह चित्र भी है जो-सलामी गत, दाहिना हाथ गत, बांया हाथ गत, फरियाद गत, मुद्‌दब गत, नाज गत, गम्ज गत, पेशवाज गत, मुकुट गत, बनफला घूंघट गत, बंधी सलामी गत, दाहिनी बांकी गत, बांयी बांकी गत, प्यारी गत आदि है इसके अलावा नवाब ने "गुंचे राग" और "सौतुले मुबारक" में भी गतों की चर्चा की है। कथक नृत्य में गत द्रुत लय में किया जाता है जो भावपूर्ण चाल के रूप में प्रसिद्ध है।

नवाब साहब की बेगमों को बड़े-बड़े संगीतज्ञ, नर्तक शिक्षा देते थे। स्वयं वाजिद अली शाह ने अपने दरबारी कथक नर्तक ठाकुर प्रसाद जी एवं उनके भाई दुर्गा प्रसाद जी से नृत्य की शिक्षा ली थी। वाजिद अली शाह कथक नृत्य में इतने निष्णात थे कि दिल्ली दरबार के प्रसिद्ध नर्तक लल्लू जी नटवे के शिष्य मुहम्मद बख्श "कन्हैया" के बाद में उनसे भी नृत्य सीखा। ताल और लय पर वाजिद अली शाह का इतना अद्‌भुत अधिकार था कि उन्होंने निसार अली पखावजी को तीन वर्ष की अवधि में धीमे तिताले में बावन प्रकार की लय सिखायी

थी। इसके अतिरिक्त अन्य कई गायकों, वादकों और नर्तकों ने भी वाजिद अली शाह का शिष्यत्व ग्रहण किया था।

नवाब साहब ने 'इन्दर सभा' नामक नाटक रचा उसमें उनके अन्त:यपुर की याचिकाओं तथा नर्तकियों ने भाग लिया था इन सबको शाही खर्च पर गायन, वादन तथा नृत्य (कथक) की शिक्षा दी जाती थी। अपने परीखाने की नृत्यांगनाओं के साथ नवाब ने कई प्रयोग किये उनमें से एक 'रहस' है जो 'रास' का ही एक रूप है। लखनऊ में रासलीला का प्रचार ब्रज के रासधारियों द्वारा हुआ था और वाजिद अली शाह को रहस (रास) की प्रेरणा उन्हीं रासधारियों से मिली थी। अब्दल हलीम 'शरर', जिनका बचपन नवाब साहब के सान्ध्यि में बीता था अपनी पुस्तक 'गुजिश्ता लखनऊ' में लिखते हैं कि, 'रहस, खास मथुरा और ब्रज कला है। वहीं से रासधारियों ने आ आकर लखनऊ को इसका शौक दिलाया। नवाब को जब यह पसंद आया तो उन्होंने अपनी कल्पना और रुचि के सहयोग के इसके रूप को बदल दिया। इसमें वह स्वयं कन्हैया बनते थे और उनकी बेगमें गोपिकायें बनती थी और नाचरंग की महफिलें गर्म होती थी। 'इन्दर सभा' और 'रहस' दोनों को आम जनता में प्रचलित करने का श्रेय नवाब साहब को ही जाता है। इन्दर सभा में संवादों की भाषा मुख्यत: उर्दू होने पर भी ठुमरियाँ और होलियाँ ब्रजभाषा में है इनमें से कुछ ठुमरियाँ तथा होलियाँ लखनऊ की क्षेत्रीय बोली से किंचित प्रभावित होने पर भी वे मुख्यत: ब्रजभाषा में ही विरचित है और कई तो विशुद्ध ब्रजभाषा में है यह विशेष बात है कि ठुमरी और होली केवल स्त्री पात्रों द्वारा ही भावाभिनय सहित गवायी गयी है। इससे यह स्पष्ट एवं प्रमाणित होता है कि पूर्व परम्परा से लेकर उस समय तक ठुमरी का गान केवल स्त्रियों द्वारा ही होता रहा था।

अत: तत्कालीन नृत्य प्रधान संगीत नाट्य 'रहस' और 'इन्दरसभा' के भावाभिव्यंजक नृत्यगीतों के रूप में, कैशिकी वृत्ति के आश्रय से, ब्रजभाषा में गायी जाने वाली ठुमरी और होली (चांचरि) की उस विधा का चयन किया, जिसकी लोक परम्परा मूलत: ब्रज के कृष्णरास एवं चर्चरी (चांचरि) से सम्बद्ध थी और बाद में उसके सामाजिक प्रदर्शन की प्रथा संगीतजीवी गायिकाओं व नर्तकियों के माध्यम से उस युग तक जा पहुंची।

भावनाप्रधान तथा मनरंजक ठुमरी से लगाव होना नवाब साहब के लिये स्वाभाविक ही था क्योंकि वह स्वयं कुशल नर्तक तथा गायक थे। उनके गुरू ठाकुर प्रसाद जी जो कमल तथा स्त्रैण कथक के नटवरी रूप के कलाकार थे विशेष रूप से वह ठुमरी में भाव बताने के निपुण तथा बेजोड़ कलाकार थे। "भाव बताना" वास्तव में ठुमरी गायन की वह पद्धति है जिसमें कलाकार बैठकर मुद्राओं के द्वारा प्रत्येक पंक्ति को उसकी समस्त सूक्ष्मताओं और प्रवीणताओं के साथ जाते हुये बोल का भावात्मक भाष्य करता है। ठुमरी का कथक नृत्य में

प्रवेश होने से कथक के अभिव्यंजनात्मक पक्ष नृत्य अंग का निर्वाह विस्तार से किया जाने लगा। गीतों से नर्तक को संचारी भाव से काव्यात्मक कथ्य की विभिन्न व्याख्यायें विविध रूपों में प्रस्तुत करने के लिये काफी गुंजाइश मिली। कथक के नृत्य पक्ष में यह तत्व पहले से ही उपस्थित था परन्तु नृत्य में ठुमरी, दादरा और गजल का भाव बताने, गीतों के अर्थ की व्याख्या प्रस्तुत करने के कौशल को प्रदर्शित करने के लिये अतिरिक्त मौका मिला। इन रचनाओं में श्रृंगारिक विषयों की प्रधानता रहती थी अत: नवाब और दरबार की अभिरुचि के अनुरूप कथक का ऐन्द्रिय स्वरूप विकसित हुआ। यद्यपि वाजिद अली शाह मुस्लिम थे पर राधा कृष्ण का रास रचते थे। उन्होंने 'अख्तर' उपनाम से अनेक सादरे, ख्याल, ठुमरियाँ और उर्दू गजलों की रचनायें की। "यथा राजा तथा प्रजा" के अनुसार शासक की अभिरुचि का प्रभाव राजकीय पदाधिकारियों, दरबारी सामंतों तथा जनता पर पड़ने के कारण, तत्कालीन लखनऊ का वातावरण ही कथक नृत्य और ठुमरी के रंग से रंग गया। ठुमरी गायन की कद्र और कद्रदान दोनों ही बढ़ रहे थे यह इस अवस्था तक बढ़ गया था कि कालान्तर में इसी नाच रंग के कारण राजनैतिक पतन हुआ था।

ठुमरी के प्रति अनुरक्ति का यह परिणाम हुआ कि केवल संगीतज्ञ ही नहीं, अपितु शासक, उनकी बेगमें उनके संबंधी तथा दरबारी सामंत भी ठुमरी की रचना, गान एवं उसके भावाभिनय में प्रवृत्त होने लगे। स्वयं वाजिद अली शाह, उनकी पत्नी उपनाम "आलम" और वाजिद अली शाह के रिश्तेदार व बादशाह नासिरुद्दीन हैदर के पौत्र वजीर मिर्जा बाला कदर उपनाम 'कदरपिया' इसके उदाहरण है जिसकी रचनायें आज भी संगीत जगत में प्रचलित हैं।

तत्कालीन ठुमरी गायकों में लखनऊ के उस्ताद सादिक अली खां, महाराज बिन्दादीन, मुहम्मद बख्श, चाँद मियाँ, रमजानी और मिर्जा वहीद कश्मीरी प्रमुख थे। लखनऊ में उस समय, उत्तम ठुमरी गाने वाली अनेक वैश्यायें भी थी जिनमें घूमन-हुसैनी, लज्जतबख्श इत्यादि नाम उल्लेखनीय है।

लखनऊ में ठुमरी प्रचलित होने का एक बहुत बड़ा कारण यह था कि नवाब साहब नाटक, रहस इत्यादि करते थे जिसके लिये संगीत में आवश्यक था कि सरल राग रागिनियों के साथ अभिनय तथा हाव-भाव भी हो एवं उसके शब्द सरल एवं सर्वग्राहय हों। नर्तकों के लिये यह रोचक था कि वह इसके साथ अभिनय में सजीवता ला सकते थे। ठुमरी का दरबारी वातावरण में रमजाने तथा लोगों द्वारा इसे पसंद किये जाने का यही कारण था हालांकि ख्याल और ध्रुपद गाने वालों द्वारा इसका बहिष्कार भी किया गया परन्तु ठुमरी गायकों ने शनै: शनै: अपनी जगह बना ली। नवाब वाजिद अली शाह द्वारा रचित ठुमरियों सौन्दर्य की दृष्टि से उच्चकोटि की है तथा गूढ़ अर्थों से भरी है। सन् 1856 से नवाब साहब को अंग्रेजों द्वारा बंदी

बनाकर मटियाबुर्ज कलकत्ता ले जाया गया तो उनके पीछे गायकों की टोली उन्हीं द्वारा रचित ठुमरी गा रही थीं–

बाबुल मोरा नैहर छूटो जाय
चार कहार मिल डोलिया उठावे
अपना बिगाना छूटो जाये

कहा जाता है बनारस में ठुमरी का आगमन लखनऊ से हुआ है परन्तु लखनऊ में इसका निवास इतना अधिक हुआ है कि लखनऊ को ठुमरी केन्द्र के रूप में विश्व प्रसिद्धि मिली।

नवाब वाजिद अली शाह द्वारा रचित कुछ ठुमरियाँ इस प्रकार हैं–

(1) **चमक चमक चमके बिजुरिया**
कैसे के आऊँ पिया तोरी सेजरिया।
बादर गरजे जियरा लरजे
"अख्तर पिया" संग भेजी खबरिया॥

(2) **मोहन रसिया आये बगिया में**
चूम रहे रस कली कली रे
कोई कली हरिनाम पुकारे
कोई कली सुन "अली" अलीरे॥

(3) **जा तू परी वाजिद अली शाह को लादे**
होऊँगी तेरी चेरि रे
"अख्तर पिया" बिन कुछ नहीं भावे
लेजा सन्देश हमारा रे॥

(4) **जब छोड़ चले लखनऊ नगरी**
तब हाले "अली" पर क्या गुजरी
महल महल में बेगम रोवे
जब हम गुजरे दुनिया गुजरी॥

(5) **जाने आलम रहस मुबारक**
जुग जुग जियो सदा बिराजो
"अख्तर पिया" संग रहस मुबारक॥

(6) **जुगल किशोर बाँसुरी बजावत**
छोड़ कुंजन और गलियाँ
अख्तर राधे के संग चलो
मथुरा ब्रज वनिता रंग रलियाँ॥

(7) **तड़प तड़प सगरी रेन गुजरी**
कौन देश गए साँवरिया
अरज करे सपने में "अख्तर"
बसूं तुम्हारे पायरिया॥

अन्य प्रसिद्ध कथक नर्तकों में हनुमान प्रसाद जो जयपुर घराने के निपुण नर्तक थे उनको भाव-प्रदर्शन में महारत हासिल थी विशेष रूप से ठुमरी, भजन के वह बम्बई में शिक्षक थे। मोहन लाल जी हनुमान प्रसाद के पुत्र थे और अपने पिता से ही उन्होंने नृत्य की बारीकियाँ सीखीं थीं। वह जयपुर दरबार में नर्तक रहे थे उनके शिष्य-शिष्यायें आज भी कथक नृत्य का प्रदर्शन कर रहे हैं। चिरंजीलाल भी हनुमान प्रसाद के पुत्र थे तथा आपने भी उदयपुर और रायगढ़ में नृत्य किया।

नारायण प्रसाद जी का जन्म 1908 में जयपुर में हुआ। आप जयपुर दरबार में शाही नर्तक थे और कथक नर्तन में ठुमरी भाव में आपको प्रवीणता हासिल थी।

कालिका प्रसाद, बिन्दादीन महाराज के छोटे भाई थे आप लखनऊ घराने के प्रसिद्ध नर्तक थे आपको श्रृंगार, रस में निपुण कहा जाता था। आप स्वयं ठुमरी गाकर घंटों भाव दिखाते थे कि दर्शक भाव विभोर हो उठते थे। आपके तीन पुत्र थे अच्छन महाराज, लच्छू महाराज, शम्भू महाराज तीनों ने लखनऊ घराने को बहुत ऊंचा उठाया कि आज भी सभी नर्तक बिन्दादीन महाराज की ठुमरी के बिना कोई भी कार्यक्रम नहीं करते हैं।

20वीं शताब्दी के नर्तकों में स्व. मोहनराव कल्याणपुरकर, स्व. विक्रम सिंह, सितारा देवी, बिरजू महाराज, बीकानेर के गौरीशंकर, सुन्दरलाल, हजारीलाल, कार्तिक कल्याण, कृष्ण कुमार, शिवलाल, सीताराम प्रसाद, दमयंती जोशी, गोपी कृष्ण, माया राव, कुमुदिनी लखिया, रानी कर्णा, मायाराव, रोहिणी भाटे, सुनयना हजारीलाल, डॉ. पूर्णिमा पाण्डे, शाश्वती सेन, कृष्ण मोहन मिश्र, राम मोहन मिश्र, कुमकुम धर, कपिला राज, शोभना नारायण आदि हैं।

ठुमरियों की एक विशेष बात यह है कि प्रत्येक नायक-नायिकाओं के सूक्ष्म मनोभावों का वर्णन ठुमरी की पंक्तियों में मिल जाता है। पंक्तियाँ ही नहीं वरन् एक शब्द में ही एक साथ कई नायिकाओं का रूप देखने को मिलता है किन्तु उससे पूर्व नायक-नायिकाओं के विषय में जानकारी आवश्यक है।

नृत्यकला में नायक-नायिका के भेदों का पृथक रूप से प्रदर्शन बहुत प्रचलित है। इनके भेदों का वर्णन विद्वानों ने अत्यन्त रोचक ढंग से किया है जो पठनीय है जिसको नर्तक अपने भावों तथा अभिनय द्वारा सजाकर दर्शनीय बना देते हैं।

वह पात्र जो ब्राह्मण, दानी, लक्ष्मीयुक्त, चतुर, तेजस्वी, सुशील, सुन्दर, दयालु आदि गुणों से सुशोभित है वह 'नायक' कहलाता है।

वह स्त्री पात्र जिसमें रूप, गुण, चतुरता, कृतज्ञता, तेज, उत्साह, सौन्दर्य, दया, शीतलता, बुद्धि, यौवन आदि गुण होते हैं वह 'नायिका' कहलाती है।

नायक भेद

धर्म के अनुसार	स्वभाव के अनुसार	अवस्था के अनुसार
1. पति	1. धीरोदात्त	1. मानी
2. उपपति	2. धीरोद्धत	2. प्रोषित
3. वैशिक	3. धीर ललित	
	4. धीर प्रशान्त	

(1) धर्म के अनुसार

धर्म के अनुसार नायक के तीन भेद हैं-

(1) पति (2) उपपति (3) वैशिक

पति-पति अपनी पत्नी से जो उचित या अनुचित व्यवहार करता है उसके आधार पर उसके पाँच भेद हैं:-

(1) अनभिज्ञ- वह नायक जो श्रृंगारिक क्रियाओं का ज्ञान न रखता हो 'अनभिज्ञ' नायक कहलाता है।

(2) अनुकूल- वह नायक जो अपनी पत्नी के प्रति पूर्ण रूप से ईमानदार हो अन्य किसी स्त्री का विचार भी मन में न लाता हो उसे 'अनुकूल' नायक कहते हैं।

(3) दक्षिण- वह नायक जिसकी अनेक विवाहित पत्नियाँ हो और उसके हृदय में सबके लिये प्रेम की भावना हों 'दक्षिण' नायक कहलाता है।

(4) **शठ**- जो नायक अन्य स्त्री से प्रेम करता है परन्तु अपनी पत्नी के प्रति अनुराग रखने का छलावा करता है वह 'शठ' नायक कहलाता है।

(5) **धृष्ट**- वह नायक जो बार-बार अपराध करे और उसे जरा भी संकोच न हो, प्रताड़ना के बाद भी उसे कोई अफसोस न हो वह 'धृष्ट' नायक कहलाता है।

उपपति

अन्य स्त्री को देखकर जिसके मन में उसके लिये श्रृंगारिक भाव उत्पन्न होने लगते हैं वह उपपति कहलाता है इसके दो भेद हैं:-

(1) **चतुर**- जो नायक वाक् चातुर्य से अपना कार्य सिद्ध करता है वह वचन चतुर कहलाता है।

(2) **क्रिया चतुर**- जो नायक कार्यों द्वारा अपनी इच्छापूर्ति करता है वह क्रिया चतुर कहलाता है।

वैशिक नायक

जो नायक अनेक परस्त्रियों के साथ संबंध रखता हो, निर्लज्ज, कामानुरागी हो 'वैशिक नायक' कहलाता है।

(II) अवस्था के अनुसार

अवस्थानुसार नायक के दो भेद हैं-

(1) मानी (2) प्रोषित

1. **मानी**- वह नायक जो अपनी प्रियतमा द्वारा किये गये अपमान से रुष्ट होकर मान करे वह 'मानी' कहलाता है।

2. **प्रोषित**- वह नायक जो अपनी प्रियतमा के विरह में व्याकुल होता है 'प्रोषित' कहलाता है।

(III) स्वभाव के अनुसार

स्वभावानुसार नायक चार प्रकार के होते हैं:-

(1) धीरोदात्त (2) धीरोद्धत (3) धीर ललित (4) धीर प्रशान्त

1. **धीरोदात्त**- वह नायक जो विनम्र, विवेकी दृढ़ संकल्प लेने वाला, स्वाभिमानी, सुख तथा दुख में समान संतुलन रखने वाला, गम्भीर स्वभाव, उदार हृदय, कृपालु और घमण्ड से दूर रहने वाला इन सभी गुणों से युक्त होता है वह 'धीरोदात्त नायक' कहलाता है। इस नायक का सर्वोत्तम उदाहरण श्री रामचन्द्र हैं।
2. **धीरोद्धत**- जो नायक घमण्डी, दुष्ट, आत्म प्रशंसा करने वाला, छल-कपट से कार्य निकालने वाला, दूसरों को सताने वाला, नायाबी, धूर्त होता है वह 'धीरोद्धत नायक' कहलाता है। 'धीरोद्धत' नायक में रावण, कुम्भकर्ण, मेघनाद, दुर्योधन, कंस आदि के चरित्र आते हैं।
3. **धीर ललित**- वह नायक जो सौम्य स्वभाव का, कला-प्रेमी, मृदु-वचन बोलने वाला, चिन्ता आदि से दूर, विनोद-प्रिय तथा राग-रंग में समय बिताने वाला हो वह 'धीर ललित' नायक कहलाता है। श्रीकृष्ण को धीर ललित नायक कहा जाता है।

4. **धीर प्रशान्त**- नायकों में सर्वोच्च नायक 'धीर प्रशान्त' को माना जाता है। वह नायक जिसमें सात्विक गुणों की प्रधानता होती है, गंभीर, धैर्यवान् निष्ठावान, ओजस्वी, सहृदयी, शोभावान्, दयालु, तेज आदि से युक्त नायक 'धीर प्रशान्त' कहलाता है। सुदामा, गौतम बुद्ध, भरत आदि नायक इस श्रेणी में आते हैं।

नायिका भेद

धर्म भेद	आयु भेद	जाति भेद	प्रकृति भेद	अवस्था भेद
1. स्वकीया	1. मुग्धा	1. पद्मिनी	1. उत्तमा	1. प्रोषित पतिका
2. परकीया	2. मध्या	2. चित्रिणी	2. मध्यमा	2. खण्डिता
3. सामान्या	3. प्रौढ़ा	3. शंखिनी	3. अधमा	3. कलहांतरिता
				4. विप्रलब्धा
				5. उत्कण्ठिता
				6. वासकसज्जा
				7. स्वाधीन पतिका
				8. अभिसारिका
				9. प्रवत्स्यत् पतिका
				10. आगत पतिका

शास्त्रों में अवस्थानुसार नायिकाओं के आठ भेद बताये गये हैं कुछ विद्वान नायिका के दो भेदों को और मानते हैं। वह निमन प्रकार के हैं–

(।) धर्म तथा आयुभेद के अनुसार–

धर्म के अनुसार नायिका के तीन भेद हैं:

(1) स्वकीया (2) परकीया (3) सामान्या

1. **स्वकीया**– वह नायिका जो पतिव्रता, विनयी, लज्जाशील और गुणवती होती है 'स्वकीया' कहलाती है। उदाहरण–

कवि देव हरे बिछियानु बजाई,
लजाई रहे पग डोलत पै।
गुरु दीठि बचाइ लजाई के लोचन,
सोचनि सौं मुख खोलन पै।
हँस हौंस भरे अनुकूल विलोकनि,
लाल के लाल कपोलनि पै।
बलि को बलिहारी हो बार हजारक,
बाल की कोमल बोनि पै॥

इसके तीन भेद हैं–

(1) **मुग्धा**– अत्यन्त कोमल, लज्जावती, संकोची नायिका मुग्धा कहलाती है। इसके दो भेद हैं– (1) अज्ञात यौवना (2) ज्ञात यौवना।

माहिबी मोहन की गति को।
गति ही पढ़ै बैन कहाँ धौ पढ़ंगी।
ओप अरोजनि की उपजै दिन,
कोई मढ़ै अंगिया न मढंगी॥
नैनन की गति गूढ़ चलाचल,
'केशवदास' अकास चढ़ंगी।
माह कहा यह माइगी दीपति।
जो दिन दो इहि भाँति बढ़ंगी॥

(2) **मध्या**– मध्या नायिका मुग्धा की अपेक्षा अनुभवी होती है। उसमें थोड़ा संकोच तथा काम–इच्छा दोनों बराबर होती है इसके तीन भेद हैं:–

(1) मध्या धीरा (2) धीरा धीरा (3) अधीरा

आजू मैं देखी है गोपसुता इक,
होइ न ऐसी अहीर की जाई।

देखित ही रहिये दयुति देह को,
देखत और देखी सुहाई॥
ऐसी की बंक बिलोकन ऊपर,
बांरों बिलोक बिलोक निकाई।
"केशवदास" कलानिधि सो वरु,
बूझिहैं काम की मेरो कन्हाई॥ (चित्र: 2.13)

(3) प्रौढ़ा- जो नायिका सदैव काम इच्छा में रहना चाहती हो, उसे तनित भी संकोच न हो वह 'प्रौढ़ा' कहलाती है। इसके तीन भेद है- (1) प्रौढ़ धीरा (2) धीरा धीरा (3) अधीरा। उदाहरण

बतरस लालच ला लकी,
मुरली धरी लुकाई,
सौंह करे, भौहनि हसें,
देत कहैं, नटि जाए॥

2. **परकीया**- वह नायिका जो अन्य किसी पुरुष से छुप-छुप कर प्रेम करे वह 'परकीया' कहलाती है। इसके दो भेद हैं-

(1) ऊढ़ा- कोई विवाहिता जब परपुरुष के प्रेम में रहती है तो वह ऊढ़ा नायिका कहलाती है।

(2) अनूढ़ा- वह नायिका जो अपनी कौमार्यावस्था में किसी पुरुष के प्रेम में रहती है 'अनूढ़ा' कहलाती है।

क्यों हँसि हेरि हरयौ हियरा अरु क्यों हित कै चित चाह बढ़ाई।
काहे को बोले सुधा सने बैननि नैनन में न सलाका चढ़ाई।
सो सुधि मो हिय ते "धन-आनन्द" सालति क्यों हूँ कढ़ै न कढ़ाई।
मीत सुजान अनीत की पाटी इतै पै न जानिये कौन पढ़ाई।

सामान्या- वह स्त्री जो अपने रूप-यौवन को विक्रय कर धन कमाती है उस गणिका को 'सामान्या नायिका' कहते हैं। उदाहरण-

तन सुबरन, सुबरन बसन,
सुबरन उकति उछाह।
धनि सुबरन मैं है रही,
सुबरन ही की चाह॥

इसके दो भेद हैं-

(1) **जननी आधीना**- जो स्त्री अपनी माता के आधीन रहकर यह कार्य करती है वह जननी आधीना कहलाती है।

(2) **स्वतंत्रता**- जो स्त्री स्वतंत्र रूप से यह व्यापार करती है उसे 'स्वतंत्रा' कहते हैं।

(II) प्रकृति के अनुसार-

(1) **उत्तमा**- धार्मिक विचारों वाली, सुशीला, पति सेवा में तत्पर रहने वाली नायिका 'उत्तमा' कहलाती है।

(2) **मध्यमा**- स्नेही, परन्तु पति के दोष देखकर उस पर क्रोध करने वाली नायिका 'मध्यमा' कहलाती है।

(3) **अधमा**- घमण्डी, दुष्ट, क्रोधी, कटुभाषी तथा पति के विरुद्ध द्वेष रखने वाली नायिका 'अधमा' कहलाती है।

(III) जाति के अनुसार-

(1) **पद्मिनी**- अति सुन्दर, सुकोमलांगी, कलाप्रेमी तथा जिसके शरीर से 'कमल' जैसी सुगंध आती हो वह नायिका 'पद्मिनी' कहलाती है।

(2) **चित्रिणी**- सुशील, नृत्यादि कलाओं में रुचि रखने वाली, अल्प-लज्जा से युक्त, विचित्र स्वभाव वाली नायिका को 'चित्रिणी' कहते हैं।

(3) **शंखिनी**- घमण्डी, क्रोधी, दुष्ट, निर्लज्ज स्त्री को 'शंखिनी' कहते हैं।

(4) **हस्तिनी**- हाथी के समान झूम कर चलने वाली क्रोधिनी, मोटी स्त्री को 'हस्तिनी' कहते हैं।

(IV) अवस्था के अनुसार-

1. **प्रोषित पतिका**- जिस नायिका का पति विदेश चला जाता है और वह उसकी याद में विरह से व्याकुल होकर श्रृंगार इत्यादि कुछ भी नहीं करती है उसे 'प्रोषितपतिका नायिका' कहते हैं। उदाहरण-

लाज छुटी राहौ छुटयौ,
मुख सौं छुटयौ सनेह।
सखि कहियो व निठुर सौं,
रही छुटिवे देह॥

2. **खण्डिता**– जिस नायिका का पति किसी अन्य स्त्री के साथ रात व्यतीत करता है और प्रातः समय पुनः अपने घर वापस आता है तब नायिका उस पर अपना रोष प्रकट करती है उसे 'खण्डिता नायिका' कहते हैं। उदाहरण–

मोसौं जे अवधि बदि गये,
साँझ के भोर ही आये।
ऐसी काहू चतुरनारि तुम,
रस बस किए ऐसे नेह नये॥
अधरन अंजन भाल महावर,
तिल तिलक ठये।
"तानसेन" प्रभु जावो जी–
जावो, नई नारी रंगये॥ **(चित्रः 2.14)**

3. **कलहान्तरिता**– वह नायिका जो पहले तो अपने पति का अपमान करती है और फिर उसके चले जाने के बाद पछताती है और स्वयं को ही कोसती है कि उसने अपने पति का अपमान क्यों किया वह 'कलहान्तरिता नायिका' कहलाती है। उदाहरण–

लखि लाल तजाय रही
ललना कहि सुन्दर बैठी
अलीगन में।
हरि हारे बुलाय न बोली
जबै तब तेऊ गए उठि
कै बन में॥
करते इतनी तो करी
पहले मुनि कैसी तची है
तिया मन में।
कहिके न सकै सखिहू सौं
कहू पछताति महा मन
ही मन में॥ **(चित्रः 2.14)**

4. **विप्रलब्धा**- जो नायिका नायक से मिलने की आशा लगाये रखती है परन्तु नायक से मिलन संकेत नहीं मिलता और वह दुखी होती है उसे 'विप्रलब्धा नायिका' कहते हैं। उदाहरण-

मिलेउ न कन्त सहेटवा लखेउ डराइ।
धनियां कमल बदनिया गइ कुम्हिलाइ।।

5. **उत्कण्ठिता**- जब नायिका पूर्व निश्चित स्थान पर अपने नायक को नहीं पाती है और उसकी प्रतीक्षा करते हुये चिन्तित होती है तब उसे 'उत्कण्ठिता नायिका' कहते हैं। उदाहरण-

इन अंखियन विरह
की बेलि बई।
सींच-सींच जल
अँसुबन पानी री,
बिन-बिन होत नई।।
उल्हत पातन नये-नये
सो बूंद पताल गई।
"तानसेन" प्रभु तुम्हारे बास बिन,
सब तन दीन भई।।

6. **वासक सज्जा**- जब नायिका श्रृंगार करके, सखियों के साथ, सभी काम कलाओं से पूर्ण अपने नायक के पास जाती है तब वह 'वासक सज्जा नायिका' कहलाती है। उदाहरण-

सुन्दरि सेज संवारि कै
साजे सकल सिंगार।
दृग कमलन के द्वार पै,
बाँधे बन्दनवार।। **(चित्र: 2.15)**

7. **स्वाधीन पतिका**- जब नायक पूरी तरह से नायिका के वश में हो। नायिका की काम-कलाओं से प्रभावित हो नायक उससे क्षणभर भी दूर जाना चाहता वह नायिका 'स्वाधीन पतिका' कहलाती है। उदाहरण-

नहि पराग नहि मधुर मधु,
नहि विकास यहि काल,

अली कली ही सों विंध्यों,
आगे कौन हवाल।।

8. **अभिसारिका**– जो नायिका स्त्रीआभूषण शर्म, लज्जा को त्याग कर स्वयं नायक को बुलाती या नायक के पास स्वयं काम–क्रीड़ा हेतु जाती है उसे 'अभिसारिका नायिका' कहते हैं। उदाहरण–

सोये लोग घर के
बगर के किवार खोली,
जानि मन मांहि निज
गई जुग जामिनी।
चुप चाप चोरी चोरी
चौंकत चकित चली,
प्रीतम के पास चित
चाह भरी भामिनी।। (चित्रः 2.15)

9. **प्रवत्स्यत् पतिका**– जो नायिका अपने प्रियतम के परदेश जाने का समाचार सुनकर परेशान हो जाती है उसे 'प्रवत्स्यत पतिका नायिका' कहते हैं। उदाहरण–

पहिले अपनाइ सुजान स्नेह सों क्यों फिर नेह को तोरिये जू।
रस प्याइ अधार दंधार मंझर दई गहि बाँह न बोरिये जू।।

10. **आगत पतिका**– जिस नायिका का प्रेमी परदेश से लौट आता है तो उसके लौट आने की खुशी में नायिका का हृदय हर्ष और आनंद से झूम उठता है वह नायिका 'आगत पतिका' कहलाती है। उदाहरण–

मृगनैनी दृग की फरक,
उर उछाह तन फूल।
बिनु ही प्रिय आगम उमेंगि,
मनटन लगी टुकूल।।

6

कथक नृत्य में भाव पक्ष की महत्वता

भाव प्रदर्शन की विधियों पर दृष्टिपात करने के पश्चात् इसमें कोई सन्देह नहीं रह जाता है कि ताल और भाव दोनों पृथक होते हुए भी एक है। भाव-प्रधान नृत्य देखने से सभी को सद्गति मिलती है ऐसा सभी शास्त्रों और पुराणों में लिखा हुआ है।

कथक नृत्य में भाव आन्तरिक आवेग के प्रति पूर्ण रूप से सजग है और उसने उस स्वाभाविक सहज स्वरूप को अपने विकास के तमाम स्तरों पर बनाये रखने की कोशिश की है। यह शैली (कथक) इसलिये नृत्य की मुद्रा भाषा की सीमा को जानती और स्वीकार करती है और अर्थ के गहरे स्तरों को खोलने के लिये बोले गये शब्द और भाषा के ऊपर अपनी सहज श्रेष्ठता को स्वीकार करती है। कथक नृत्य बोली भाषा का प्रतिस्पर्धी नहीं है किन्तु बिना हिचक के और अपने को छोटा महसूस किये बिना उसकी सहायता लेता है। कथक में अभिनय अपने स्वरूप में स्वाभाविक रहा है और पर्याप्त प्रतीकात्मक और सांकेतिक मुद्राओं के भण्डार के बावजूद उसने अपने सहज चरित्र को बरकरार रखा है। यह शब्द थे-रोहिणी भाटे जी के (लेख अभिनय और प्रयोग)। अभिनय मात्र नृत्य कला में ही नहीं अपितु सम्पूर्ण जगत में व्याप्त है। 'संगीत रत्नाकर' में कहा गया है-

"आंगिकामिनयेरेव भावानेव व्यनक्ति यत्।
तन्नृत्यं मार्गशब्देन प्रसिद्धं नृत्यवेदिनाम्।।"

अभिनय सभी शास्त्रीय नृत्यों में है किन्तु अन्य नृत्य शैलियों की अपेक्षा कथक में सहज तथा स्वाभाविक अभिव्यक्ति है जो संप्रेषित करती है किसी भी व्यक्ति को नर्तक के उद्गारों के प्रति। भरतनाट्यम, कथकलि, कुचिपुड़ी आदि नृत्यों में नर्तक साधारण अभिनय के लिये भी चेहरे को अप्राकृतिक रूप से हंसने या आंखें फाड़ने को विवश करता है। सात सोपानों द्वारा भावों का अध्ययन करने के पश्चात् यदि कथक नृत्य से प्रत्येक भाव को जोड़ा जाये तो यही निष्कर्ष निकलता है कि कथक वह नृत्य है जो भावों को सम्पूर्णता प्रदान कर रस-वृष्टि करता है। कथक के भावो की एक अन्य विशेषता है "सात्विकता"। मंदिरों में जन्मा

कथक अपने सात्विक अभिनय के कारण ही जनप्रिय था, पौराणिक विषय-वस्तु को शास्त्रीय मुद्राओं द्वारा व्यक्त किया जाता था वहीं दूसरी ओर मुगल साम्राज्य में भजनों का स्थान ठुमरी, दादरा ने ले लिया। स्वभाव से चंचल और चपल ठुमरी पर भी भाव व्यक्त किये जाते हैं। ठुमरी, दादरा और कवित्तों की समुचित अभिव्यक्ति के लिये शास्त्रीय मुद्रायें ही पर्याप्त नहीं थी अत: कथकों को अभिव्यक्ति के नये माध्यम खोजने में लोक की ओर मुड़ना पड़ा और वहीं से नये प्रतीकों को चुनकर उन्होंने अपनी कला को सजाया है।

कथक परम्परा में भाव प्रदर्शन के मुख्य तीन भेद हैं (1) समक (2) कथानकी (3) गीतमान

(1) तोड़ा-टुकड़ा लेकर या गत निकास में पलटा लेकर जब सम पर कोई भाव दिखाया जाता है तब उसे "समक भाव" कहते हैं।

(2) गत भाव में जब नर्तक किसी कथानक के प्रस्तुतीकरण में विभिन्न पात्रों के चरित्र के अनुरूप अभिनय करता है तब उसे "कथानकी" भाव कहा जाता है।

(3) ठुमरी, गीत आदि पर भाव बताने को 'गीतमान' कहा जाता है इसमें सात भावों वे प्रकार सम्मिलित होते हैं।

कथक के नृत्त पक्ष भाव में परिपूर्ण होते हैं। इसका उदाहरण है कि शुद्ध नृत्त परनें, तोड़े, तिहाईयाँ या भ्रमरी इन सभी की पढ़न्त जब नर्तक करता है वह भावों से परिपूर्ण होती है। किस बोल पर कितना वजन देना है, किस बोल को कैसे पढ़ना है इत्यादि सुनकर दर्शक भाव-विभोर हो जाते हैं। कथक में भाव प्रदर्शन का महत्व उसके प्रयोगात्मक सफलताओं को देखकर आंका जा सकता है।

साहित्यकार जब कोई गीत लिखता है या रचना करता है तो वह रचना का मुख्य अंग रस, भाव, व्यंजना आदि को अपनी दृष्टि से देखता है किन्तु समस्त भारतीय शास्त्रीय नृत्यों में से कथक नृत्य ने रचनाकार के सभी तत्वों को अपने नृत्याभिनय के विकास, गाने और बिना गाने के अथवा संगीत के बिना भी करने का साहस किया है कहने का तात्पर्य यह है कि गद्य अथवा पद्य दोनों में भाव करने के लिये नर्तक स्वतंत्र है यह कथक नृत्य के भावगत विशेषता भी है।

प्रारम्भ से अंत तक सम्पूर्ण नृत्य प्रदर्शन में अभिनय की तकनीक में पर्याप्त स्वच्छंदता और कुछ हद तक क्रांतिकारक तत्व भी है इसीलिये लगभग सभी कथावस्तुयें इसके माध्यम से प्रस्तुत होती है। अष्टनायिकायें, नायक, कथक बैले, कथानकों पर आधारित नृत्य नाटिकायें,

प्रयोगात्मक कार्य सभी भावों अर्थात् अभिनय के बिना अधूरे हैं। कथक नृत्य में न केवल नृत्त और नृत्य के विभिन्न पक्षों का अतिसुन्दर संतुलन दिखाई देता है, बल्कि इस शैली के सतरंगी नृत्यविष्कार में नृत्त जितना सूक्ष्म लयकारी, संगीतात्मकता तथा ललित अंग संचालन आदि गुणों से ओत-प्रोत है, उतना ही भाव पक्ष भी सूक्ष्म, गहरा, तीव्र तथा रसवैचित्र्य आदि गुणों से परिपूर्ण है।

7

सार संक्षेप

सदियों से चली आ रही इस नृत्य परम्परा का सार है–ऋग्वेद से पाठ्य, सामवेद से गीत, यर्जुवेद से अभिनय, अथर्ववेद से रस का संग्रह करके एक पाँचवा वेद 'नाट्यशास्त्र'। जब तक मनुष्य सभ्य नहीं था वह हंसी–खुशी से झूमने को ही नृत्य मानता था परन्तु सभ्यता का साथ पाकर नृत्य ने "कला" का रूप ले लिया। भाव–भंगिमाओं को श्रृंखलाबद्ध कर दिया गया और इस प्रकार नृत्य दो धाराओं में विभक्त हुआ–लोक नृत्य और शास्त्रीय नृत्य। (**चित्र: 7**)

नृत्य के लिये गीत का होना अत्यन्त आवश्यक है। भारतीय संगीत जगत में गीत के बोलों पर ही नृत्य किया जाता है। आचार्य नंदिकेश्वर ने कहा है 'भावतालयुक्तं गीताभिनय' अर्थात् मुख से गीत, हाथों द्वारा उस गीत पर अभिनय, नेत्रें से भाव तथा पैरों से ताल दिखाकर ही नर्तक दर्शकों को रसानुभूति कराता है। शास्त्रीय नृत्य की एक शैली है 'कथक नृत्य' और गायन कला की एक उपशास्त्रीय विधा है 'ठुमरी'।

कथक नृत्य में ठुमरी जो कि गायन की उपशास्त्रीय विधा है इस पर अभिनय करने का विधान है कारण–ठुमरी वह मनोरंजक, चित्ताकर्षक गीत होता है जो अभिनय करने के लिये स्वत: ही प्रेरित करता है। "ठुमरी" का अर्थ है–ठसक या ठुमक भरी गर्वीली चाल और 'री' का अर्थ है सखि, चेली, अर्थात् वह गीत जिसमें सखि को सम्बोधित किया जा रहा है तथा चाल में नृत्य का आभास है। कथक नृत्य का भाव पक्ष बहुत समृद्ध है इसमें वंदना, श्लोक, दोहे, भजन, गजल इत्यादि सभी पर अभिनय किया जाता है। कथक का अर्थ ही है 'कथा कहे सो कथक कहावे' अर्थात् कथक नृत्य शैली में अभिनय प्रधान है। कथावाचक तथा उसकी प्रभावात्मिकता हेतु संगीत तथा नृत्याभिनय उसमें सन्निहित है।

अख्तरी बाई, जद्दनबाई, गौहरजान आदि इन ठुमरी गायिकाओं के ग्रामोफोन रिकार्ड सुनकर आज भी लोग न सिर्फ झूमने लगते हैं बल्कि मुख से 'वाह–वाह' की ध्वनि स्वयं ही मुखरित हो उठती है। ठीक इसी प्रकार ठुमरी पर जब प्रसिद्ध कथक नर्तक (बिन्दादीन महाराज, लच्छू महाराज आदि) भाव प्रदर्शित करते हैं तो दर्शक अपलक देखते रह जाते थे।

अब यह प्रश्न स्वाभाविक रूप से उठता है कि ठुमरी में ऐसा क्या है जो श्रोता तथा दर्शक स्वयं ही बंध जाते हैं-

(1) ठुमरी एक भाव प्रधान गीत शैली है तथा मनुष्य भावनाओं से बना एक पुतला मात्र है।

(2) ठुमरी बहुत छोटी रचना होती है पर उसके एक-एक शब्दों का विस्तार होता है।

(3) मनुष्य "श्रृंगारिक" प्राणी है तथा ठुमरी उसके मनोभावों को दर्शाने में सफल होती है।

(4) छोटी तानें तथा काकु प्रयोग ठुमरी के सौंदर्य को द्विगुणित करते हैं।

(5) नृत्य के प्राण अभिनय में होते हैं तथा ठुमरी भाव पक्ष की एक-एक परत खोलकर सामने रखती जाती है।

(6) गायक तथा नर्तक को पूरी स्वतंत्रता होती है कि वह नायिका के किन-किन छुपे मनोभावों को किस प्रकार प्रदर्शित करे।

ठुमरी की स्वतंत्र गेय शैली ने ही उसे प्रसिद्ध किया साथ ही नृत्य (कथक) का अभिन्न अंग बनाया। अवध के श्रृंगारिक संगीतमय वातावरण में ठुमरी को प्रसिद्धि मिली लखनऊ की आबो-हवा से सीचीं गयी ठुमरी आज विश्व प्रसिद्धि के शिखर पर है।

आम व्यक्ति की यह सोच है कि ठुमरी सिर्फ राजा-महाराजा के दरबारों या महफिलों को सजाने का काम करती थी लेकिन ऐसा नहीं है ठुमरी मात्र मन बहलाने का गीत नहीं है वरन् भक्ति के द्वारा मोक्ष प्राप्त करने वाली कला है। यह व्यक्ति की सोच पर निर्भर करता है। सौन्दर्य द्वैत-अद्वैत का भेदभव समाप्त कर देता है। ईश्वर को प्राप्त करने का माध्यम है संगीत। सौन्दर्य का अर्थ है "सकारात्मक सोच"।

ठुमरी विषय पर गहन अध्ययन, मनन, चिंतन के पश्चात् मेरा ऐसा मानना है "ठुमरी" गायकों तथा नर्तकों द्वारा किया जाना वाला ऐसा गीत है जिसके द्वारा वह अपनी सोच, अपनी कल्पना को खुला छोड़ देते हैं। गायक अपनी गायिकी द्वारा तथा नर्तक अपने अंगों, नेत्रों, वाणी, भावों द्वारा ठुमरी रूपी उस कमल की एक एक पंखुरी खोलने लगते हैं तथा दर्शक उसकी चरम अवस्था में संगीत के अथाह सागर की अनगिनत लहरों में गोते लगाने लगता है। उस स्थिति का अनुमान अनुभव करने से ही मिलता है। एक क्षण में प्रतिभावान कलाकार ऐसा चित्र देते हैं कि वह दूसरे ही क्षण बदलकर नये रूप में सामने आ जाता है। अनेक ठुमरी कलाकारों को जानने के पश्चात् यही तथ्य उजागर होता है कि यह तपस्या तथा साधना से ही संभव है।

सहायक ग्रंथ सूची

1. भारतीय नाट्य परम्परा और अभिनय दर्पण - वाचस्पति गैरोला
2. भरतार्णव : नन्दिकेश्वर - अनुवादक (1) अशोक मल्ल (2) वाचस्पति गैरोला
3. भरत और भारतीय नाट्यकला - डॉ. सुरेन्द्रनाथ दीक्षित
4. भारतीय संगीत का इतिहास - उमेश जोशी
5. भारतीय नृत्य कला - केशव चन्द्र वर्मा
6. भारतीय संस्कृति में कथक परम्परा - डॉ. मांडवी सिंह
7. भारतीय तथा पाश्चात्य रंगमंच - पं. सीताराम चतुर्वेदी
8. अभिनय दर्पण - डॉ. पुरु दाधीच
9. हिन्दी दशरूपक - डॉ. सुधाकर मालवीय
10. कथक नृत्य - लक्ष्मी नारायण गर्ग
11. कथक नर्तन भाग । एवं ।। - डॉ. विधि नागर
12. कथक नृत्य में रस निरूपण (अप्रकाशित) - डॉ. विधि नागर
13. कथक दर्पण - तीरथ राम आजाद
14. कथक प्रसंग - रश्मि वाजपेयी
15. कथक नृत्य शिक्षा भाग । एवं ।। - डॉ. पुरु दाधीच
16. कथक श्रृंगार - तीरथ राम आजाद
17. गुज़िश्ता लखनऊ - अब्दुल हलीम शरर
18. ठुमरी संग्रह - गंगाधर राव तैलंग
19. ठुमरी की उत्पत्ति, विकास और शैलियाँ - डॉ. प्रो. शत्रुघ्न शुक्ल
20. ठुमरी के विकास में वाजिदअली शाह का योगदान - डॉ. प्रो. शत्रुघ्न शुक्ल

21. नृत्य भारती (I) – आचार्य सुधाकर
22. नृत्य सूत्रम् – डॉ. पुरु दाधीच
23. नृत्याध्याय (अनुवाद अशोक मल्ल) – वाचस्पति गैरोला
24. ये कोठेवालियाँ – अमृतलाल नागर
25. रायगढ़ में कथक – कार्तिक राम
26. लखनऊ की संगीत परम्परा – डॉ. सुशीला मिश्रा
27. सूर काव्य में लालित्य – डेज़ी वालिया
28. मध्ययुगीन वैष्णव सम्प्रदायों में संगीत – डॉ. राकेश बाला सक्सेना
29. अष्टछाप काव्य की अर्न्तकथाओं का अध्ययन – डॉ. राकेश बाला सक्सेना
30. बहारे अवध – योगेश प्रवीण
31. निबंध (संगीत) – लक्ष्मी नारायण गर्ग
32. उत्तर भारत के लोकनृत्य – डॉ. पूर्णिमा पाण्डे

पत्र-पत्रिकायें

1. संगीत – हाथरस कार्यालय वर्ष – 29, अंक 5 मई, 1963
2. स्मारिका – भारतखण्डे हिन्दुस्तानी संगीत महाविद्यालय, लखनऊ (हीरक जयंती, स्वर्ण जयंती)
3. धुवा – भा.हि.सं. महा. लखनऊ
4. छायानट – उ.प्र. संगीत नाटक अकादमी, लखनऊ
5. गंर्धव – कथक की ऐतिहासिक अवधारणा (पुनर्विचार) डॉ. चेतना ज्योतिषी व्यौहार

1. Art of Indian Dancing - Projesh Banerjee
2. Classical Indian Dance in Literature and the Arts - Kapila Vatsayayan
3. Dance in Thumri - Projesh Banerjee
4. Indian Dances (History and Development) - Ram Autar

5. Indian Dances First Step - Ram Autar
6. Invitation to Indian Dances - Sushila Mishra
7. 'Kathak'- Indian Classical Dance Art - Sunil Kothari
8. Kathak Dance Through Ages - Projesh Banerjee
9. Madam Menaka - Damyanti Joshi
10. Rajgarh Darbag - Dr. P.D. Ashirvadam
11. Rhythm in Joy - Leela Samson
12. Some Dancers of India - Sushila Misra
13. Tradition of Indian Classical Dances - Mohan Khokar
14. The Sacred Dance of India - Mrinalni Sarabhai
15. Marg "Kathak" Volume -
16. Musical Heritage of Lucknow - Sushila Misra

चित्र फलक

चित्रः 1.1 ठुमरी की जन्मस्थली - ''लखनऊ'' (कैसरबाग)

चित्रः 1.2 गौहर जान (ठुमरी गायिका)

चित्रः 1.3 रसूलन बाई

चित्रः 1.4 केसर बाई

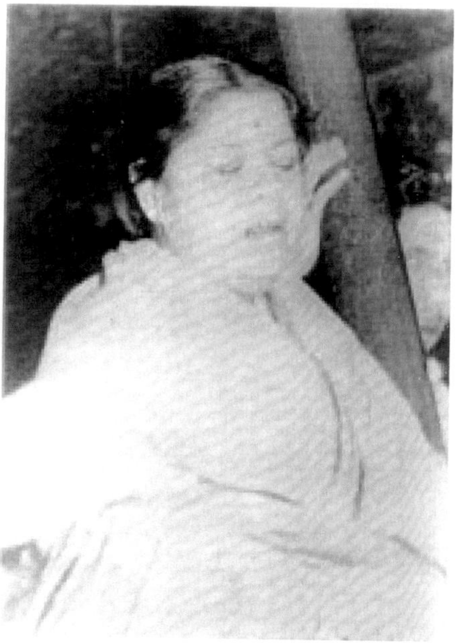

चित्रः 1.5 सिद्देश्वरी देवी

चित्रः 1.6 उस्ताद बड़े गुलाम अली खाँ

चित्रः 1.7 गिरिजा देवी

चित्रः 1.8 बबन साहब
(ठुमरी गायक), लखनऊ

चित्रः 1.9 बेगम अख्तर
(ठुमरी गायिका)

चित्रः 1.10 बेगम अख्तर और इशतियाक
अहमद अब्बासी का वैवाहिक चित्र

चित्र: 2.1 श्रीकृष्ण लीलायें (राज्य संग्रहालय, लखनऊ)

चित्र: 2.1 श्रीकृष्ण लीलायें (राज्य संग्रहालय, लखनऊ)

चित्र: 2.2 बिन्दादीन महाराज

चित्र: 2.3 कालका प्रसाद

चित्र: 2.4 नवाब वाजिद अली शाह के उस्ताद महाराज ठाकुर प्रसाद

चित्र: 2.5 नवाब वाजिद अली शाह

अच्छन महाराज

शंभू महाराज

लच्छू महाराज

चित्रः 2.6

चित्र: 2.7 मैडम मेनका

चित्र: 2.8 उर्मा शर्मा

चित्र: 2.9 दमयन्ती जोशी

चित्र: 2.10 रोहिणी भाटे

चित्रः 2.11 सितारा देवी

चित्रः 2.12 पं. बिरजू महाराज

चित्रः 2.12 पं. बिरजू महाराज

चित्रः 2.13 मध्या नायिका

खण्डिता नायिका

कलहान्तरिता नायिका

चित्र: 2.14

(राज्य संग्रहालय, लखनऊ)

चित्रः 2.15 अभिसारिका, वासक सज्जा नायिका
(राज्य संग्रहालय, लखनऊ)

चित्रः 3.1 नृत्यरत गणपति (9वीं शताब्दी)
(राज्य संग्रहालय, लखनऊ)

अर्द्धनारीश्वर

महेश्वरी

चित्र: 3.2 मद्रास संग्रहालय

चित्रः 3.3 6वीं शताब्दी

चित्रः 3.4 ताण्डव लास्य के अधिष्ठाता-नटराज शंकर (मद्रास संग्रहालय)

चित्रः 4.1 कथा कहे सो कथिक कहावे

चित्र: 4.2 श्री राधा कृष्ण

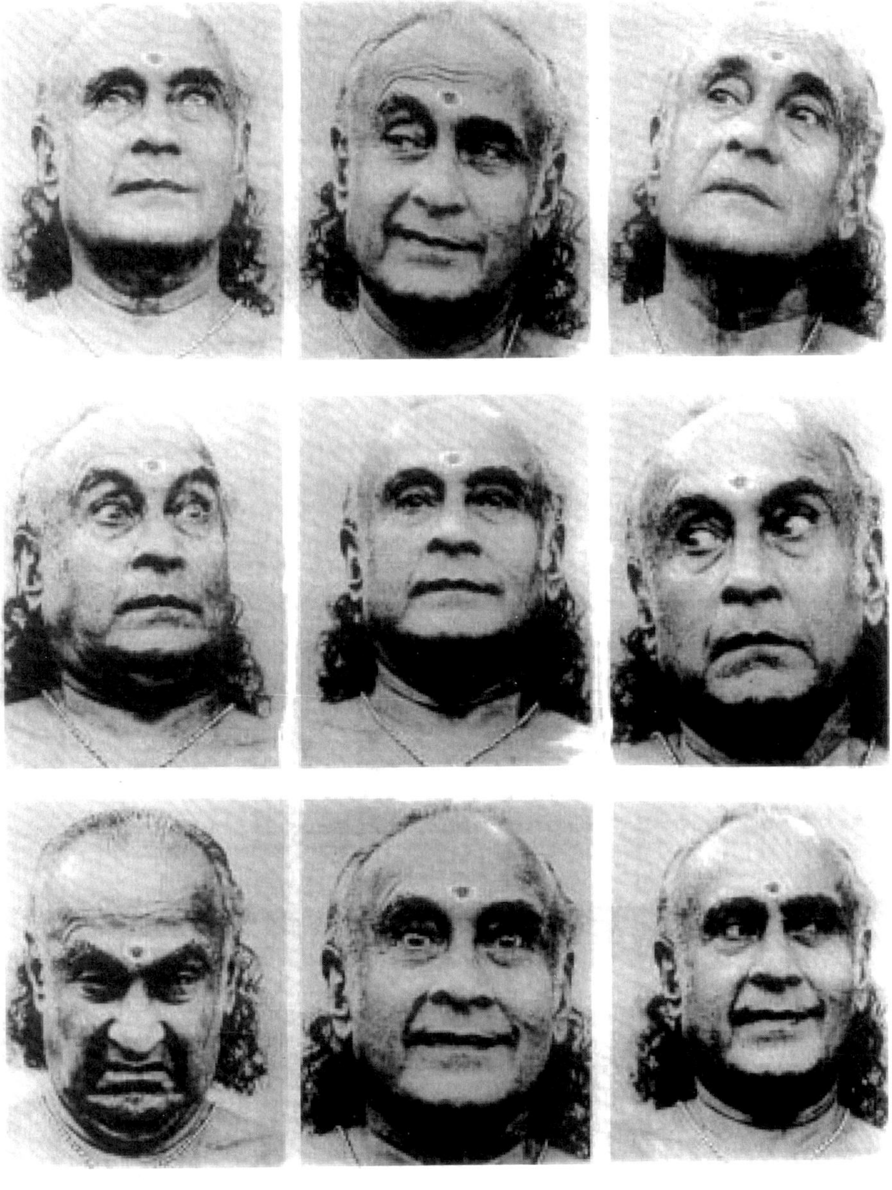

चित्रः 6 भाव (गुरु गोपीनाथ)

चित्र: 7 ठुमरी के विभिन्न भाव (राज्य संग्रहालय, लखनऊ)